# VOLVEREMOS

## MEMORIA ORAL DE LOS QUE SE FUERON DURANTE LA CRISIS

NOEMÍ LÓPEZ TRUJILLO
ESTEFANÍA S. VASCONCELLOS



LIBROS DEL K.O.

PRIMERA EDICIÓN: noviembre de 2016


Calle Infanta Mercedes, 92, despacho 511
28020 - Madrid

ISBN: 978-84-16001-62-0
DEPÓSITO LEGAL: M-38176-2016
CÓDIGO IBIC: DNJ
DISEÑO DE CUBIERTA: Álvaro Valiño
FOTO DE CUBIERTA (GANSOS): Peter Curbishley
MAQUETACIÓN: El Pulpo Design
CORRECCIÓN: Ana Doménech
IMPRESIÓN: Kadmos

IMPRESO EN ESPAÑA - PRINTED IN SPAIN

Las tipografías son League Gothic y Baskerville.

A mis padres, Lourdes y José María, que son mi hogar y mi patria

A mis padres y a mi hermana

Una amiga nos contó la teoría del *chocolomo*. Esta chica habló con un amigo suyo de Madrid que no encontraba trabajo en España, es médico de algo potente, lo que le ofrecían era una basura y terminó probando suerte en París. Tenía un buen trabajo pero a la vez estaba muy harto: tener vida social con los franceses era imposible, la gente era como muy snob. Estaba un poco en crisis y decidió volverse a Madrid porque echaba de menos a la familia, la gente, un poco de vida social… Ha conseguido trabajo en Madrid pero está un poco puteado, no está muy contento. Lo habló con un amigo y uno le dijo: «A ti lo que te pasa es lo del *chocolomo*». Y le dijo: «¿De qué coño me estás hablando?». «Mira, la teoría es muy sencilla: lo que te pasa ahora mismo es que te apetece mucho comerte un bocadillo de chocolate y te apetece mucho comerte un bocadillo de lomo, pero tienes que decidir chocolate o lomo, porque desgraciadamente el *chocolomo* no existe». Cuando nos lo contó nuestra amiga dije: «Me cago en la leche, ¿es eso lo que pasa?».

**— Ernesto Filardi**

# ÍNDICE

# PRÓLOGO

Circula por internet la imagen de un gajo de mandarina perfectamente incrustado en un diente de ajo. El Frankenstein vegetal está rematado con una frase: «No todos los lugares en los que encajas es donde perteneces». El sentimiento de pertenencia es complejo, pero suele asociarse a la idea de hogar: una ciudad, una familia o un grupo de amigos donde hallamos cierto reposo vital, donde no tenemos la sensación de estar en tránsito hacia alguna parte. Cientos de miles de españoles han abandonado su hogar desde 2008. Lo hicieron por diferentes motivos, pero principalmente porque sus expectativas —laborales, académicas y vitales— fueron barridas por la crisis económica. Unos culpan a los políticos por la penosa gestión. Otros señalan la responsabilidad de los propios ciudadanos. Los de más allá, a los «mercados» y a la globalización financiera.

Las historias recogidas en *Volveremos* conforman una «memoria oral de los que se fueron», dice el subtítulo, una de las muchas posibles. Los protagonistas de este libro —y sus familias— han compartido sus recuerdos con nosotras de forma generosa para poner rostro a las estadísticas y, sobre todo, para no olvidar. Les damos las gracias por ello.

Muchos han verbalizado su experiencia por primera vez: se han sentado delante de una pantalla en Canadá, Inglaterra o Alemania, se han abierto el pecho y le han puesto palabras a lo que veían dentro. Unos han encontrado un nuevo hogar, otros quieren volver cuanto antes al anterior. La mayoría se autodenomina «emigrante», poniendo el acento en el acto de *salir* de su país. El término «inmigrante» tiene una extraña connotación negativa —*entrar* en el país de otro—. En el capítulo dedicado a la identidad, los protagonistas reflexionan también sobre expresiones como «exiliado económico», «aventurero» y «emigrante forzado».

Todo emigrante es inmigrante, dependiendo desde dónde se mire, de la construcción de su «yo» en cada espacio, lo que nos lleva a otro detalle: en algunas conversaciones, los protagonistas confunden el «aquí» con el «allí». Es decir, hablan de España como si estuviesen en ella, y usan el adverbio más lejano —allí— para referirse al lugar en el que se encuentran.

## Los que se van y los que se quedan

Es difícil cuantificar el número de emigrados durante la crisis. Las estadísticas oficiales no reflejan la realidad del fenómeno. Uno de los estudios alternativos más recientes es el que realizó en 2013 la socióloga Amparo González-Ferrer[1],

**1.** González-Ferrer, Amparo (20013). «La nueva emigración española. Lo que sabemos y lo que no», *ZOOM Político* 18. http://www.fundacionalternativas.org/public/storage/publicaciones_archivos/5785a8486ea7ec776fd341c9ee8f4b7b.pdf.

investigadora del CSIC. En 2012, el Instituto Nacional de Estadística estimaba que desde 2008 habían emigrado 225 000 españoles; González-Ferrer calculó que la cifra real se acercaba a los 700 000. «Los datos oficiales están basados en las bajas padronales, que se producen solo si los emigrados se dan de alta en los consulados de España. Esta inscripción muchas veces no se realiza aunque la persona viva fuera durante años». En 2013, España era el segundo país que más emigrantes laborales enviaba a Reino Unido, solo por detrás de Polonia; tres años antes estaba doce puestos más abajo.

La investigadora distingue entre los nacidos en España y los extranjeros que han obtenido la nacionalidad española. «No es porque haya españoles de primera o de segunda, sino porque es una pista importante: el que ha nacido aquí tiene más probabilidades de volver. La posibilidad de que los que no han nacido en España regresen es muy inferior».

Pese a todo, González-Ferrer opina que el fenómeno se sobredimensionó en los medios. No en cifras, sino en atención. «El discurso de "estamos perdiendo a los jóvenes" es muy agradecido porque todo el mundo se sentía un poco víctima, son como "los nuestros". Había gente que no podía permitirse ni un día de búsqueda de trabajo en otro país, que no tenía contactos ni sitio donde quedarse. Pero esas personas no salían en la prensa». La investigadora sostiene que quienes han emigrado —principalmente personas cualificadas de entre 25 y 34 años— lo han hecho porque podían. «Hay bastantes indicios de que la gente que se ha ido estaba menos dispuesta a soportar el descontento aquí. El perfil era el de alguien insatisfecho con el sistema político, más crítico con el Partido Popular y con el PSOE, con una percepción más elevada de la corrupción y que había participado en el 15M o en protestas por la vivienda». Añade otro dato clave: quien ha emigrado una primera vez es más probable que lo haga una segunda.

En este relato vivo de los emigrados hay quienes añoran a su familia, un lugar o un recuerdo de una España a la que nunca regresarán; los hay que sienten nostalgia de lo no vivido —una huida deseada, un fracaso antes siquiera de hacer la maleta—; unos pocos que buscan billete de vuelta; y otros que ya no vuelven la vista atrás. La nostalgia se aloja en el cuerpo y se convierte en un órgano más cuya función vital es debilitarte o fortalecerte. Los protagonistas de *Volveremos* no son mártires ni héroes. Son gajos en busca de mandarina.

*Madrid, octubre de 2016*

# VOLVEREMOS

# MAPA DE LOS PROTAGONISTAS

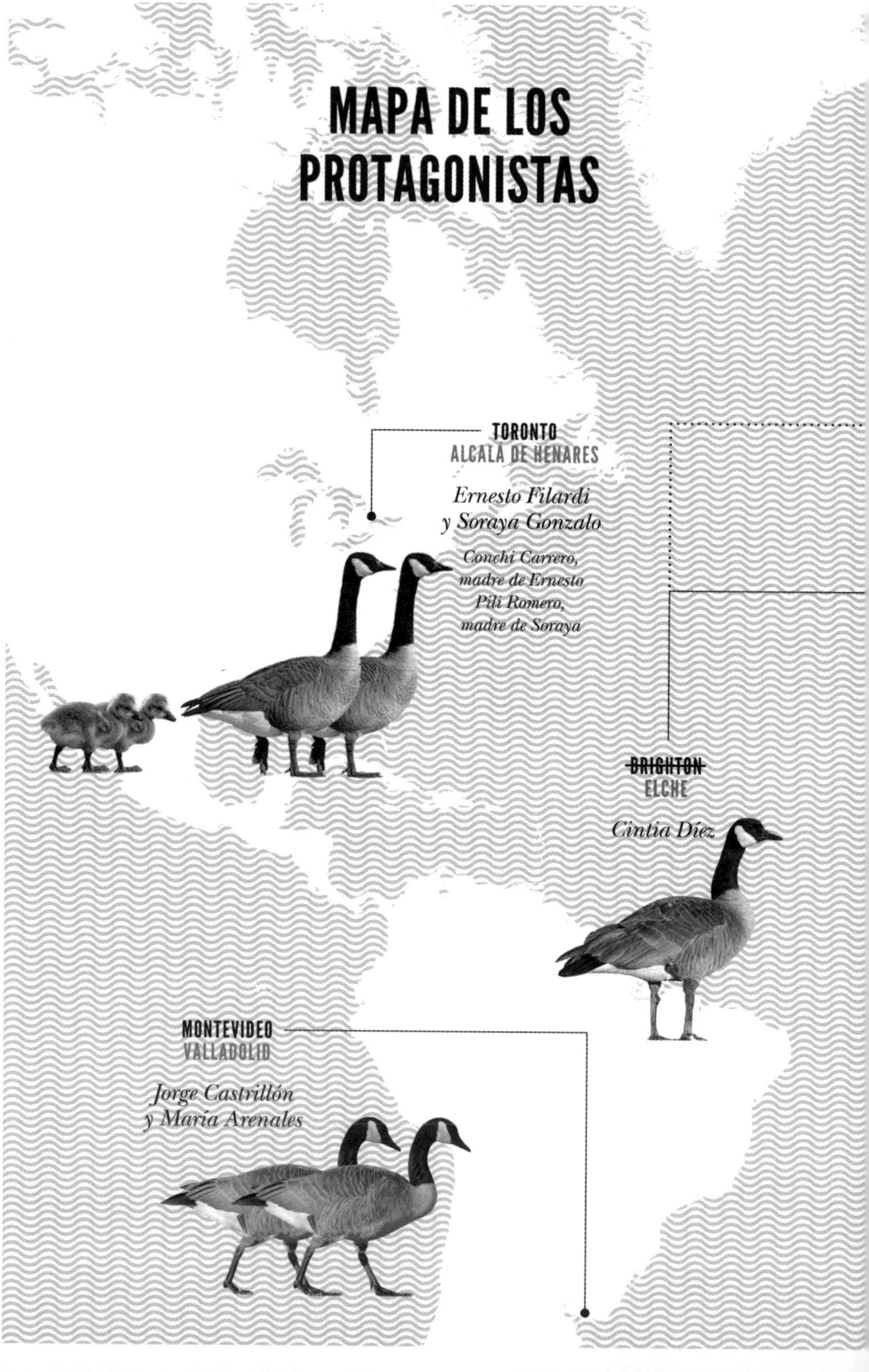

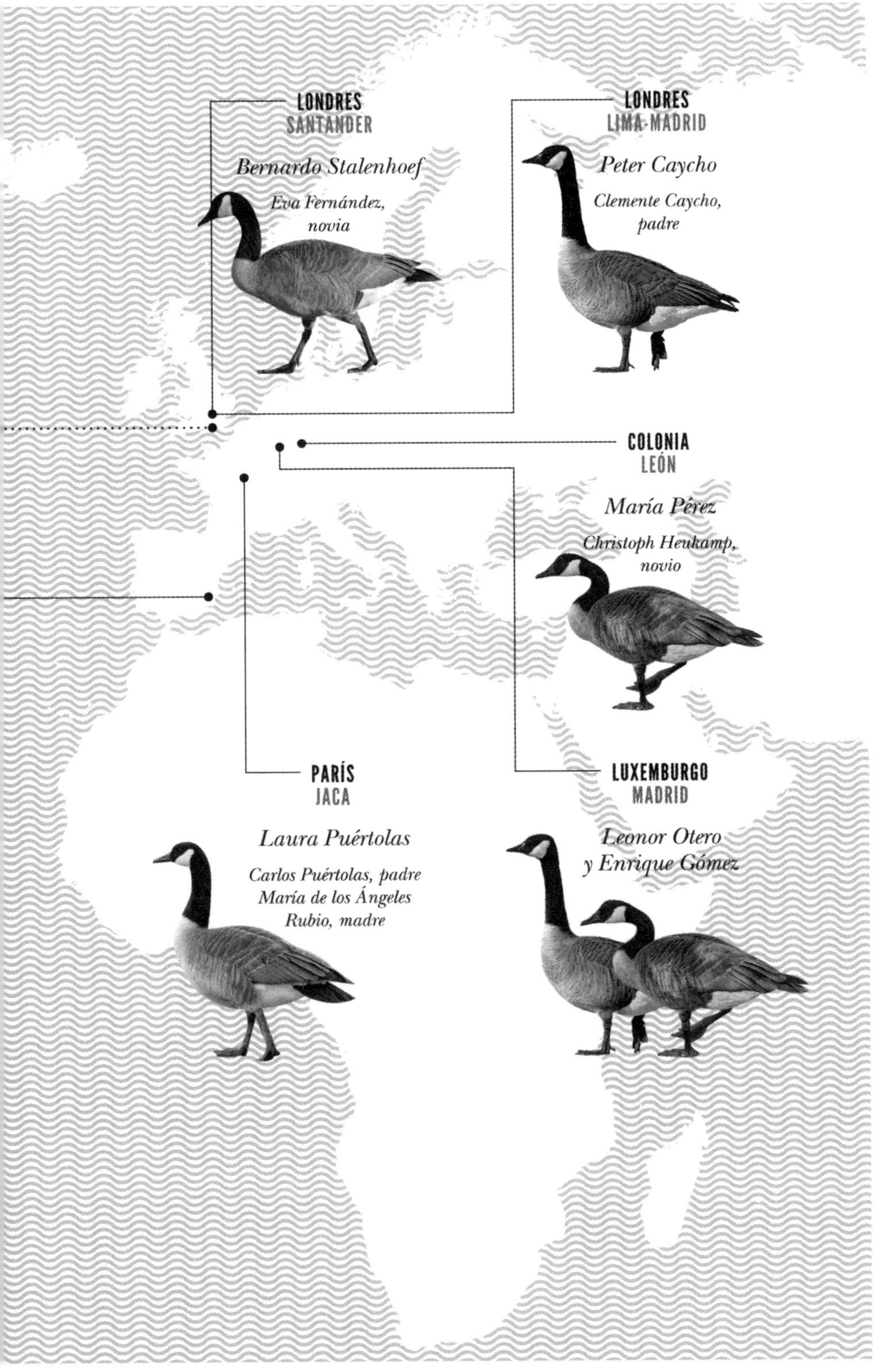
LONDRES
SANTANDER
Bernardo Stalenhoef
Eva Fernández, novia
LONDRES
LIMA-MADRID
Peter Caycho
Clemente Caycho, padre
COLONIA
LEÓN
María Pérez
Christoph Heukamp, novio
PARÍS
JACA
Laura Puértolas
Carlos Puértolas, padre
María de los Ángeles Rubio, madre
LUXEMBURGO
MADRID
Leonor Otero y Enrique Gómez

# LOS PROTAGONISTAS

**ERNESTO FILARDI** (Alcalá de Henares, 1974). Licenciado y doctor en Filología Hispánica, además de poeta y dramaturgo. Ernesto y su esposa Soraya dejaron el país en 2013 con dos gemelas recién nacidas, Amelia y Victoria. No acaba de acostumbrarse a los treinta y cinco grados bajo cero que le reciben cada vez que sale de casa en invierno, pero Canadá es un lugar en el que puede prosperar: empezó trabajando en una fábrica de salchichas y ahora lo hace en un *college* de Toronto. Cuando saca a sus hijas del baño las llama «señora pato» y «señora pulpo». Si algún día alguien le pregunta por qué dejó España para criar a Amelia y Victoria en Canadá, dice que se encogerá de hombros y se remitirá a los informes sobre paro y pobreza infantil que se publicaron en los años de la crisis. Su madre, **CONCHI CARRERO** (Alcalá de Henares, 1939), también emigró a Canadá cuando era joven. Llegó allí el 23 de diciembre de 1966, siguiendo a su marido, que se había ido unos meses antes a buscar trabajo. Llegó a Montreal con una gabardina amarilla, dos trenzas largas, las maletas y los niños, y regresó a España con un nuevo marido tras la muerte de Franco. Ernesto tenía entonces tres años. Cuando **SORAYA GONZALO** (Torrejón de Ardoz, 1982), licenciada en Filología Hispánica, supo que estaba embarazada, se imaginaba pintando la habitación de las niñas. Su idea de nido era estar cerca de la familia: «Pero nos tuvimos que marchar», dice. **PILI ROMERO** (Torrejón de Ardoz, 1952), la madre de Soraya, tenía unas ganas inmensas de ser abuela, pero de momento tiene que conformarse con ver a sus nietas a través de Skype. Culpa a la clase política de que su hija se fuese. «Quiero escribirle una carta a Rajoy para decirle: es usted un sinvergüenza».

**LEONOR OTERO** (Madrid, 1979). Licenciada en Filosofía y en Teoría de la Literatura, y doctora en Filología. Cuando emigró, España aún no había despertado del sueño de la Champions de la Economía. Se marchó a Luxemburgo con su pareja —ahora marido— en 2008, cuando el malestar económico y político solo era una leve fiebre. Su desarraigo no es patriótico, sino educativo: lo ha dado todo por la Universidad pública y ahí es donde se imagina hasta la jubilación. A finales de 2015, después de disfrutar de un contrato postdoctoral en la universidad de Estrasburgo, volvió a España para cobrar cuatro veces menos como profesora en la Universidad Complutense de Madrid. Su marido, **ENRIQUE GÓMEZ** (Madrid, 1979), sigue en Luxemburgo, intentando encontrar un trabajo en España. Ella esperaba que volviese antes de dar a luz por segunda vez, pero no ha sido así. Enrique es licenciado en Económicas y trabaja en una compañía de comunicaciones. Le da pánico volar, pero coge un avión cada fin de semana para reunirse con Leonor y sus hijos.

**PETER CAYCHO** (Lima, 1991) llegó a Madrid con unos meses de vida. Su familia emigró desde Perú «en la época boyante de España». Estudió un curso de Formación Profesional de Diseño de Aplicaciones y hace cuatro años se marchó a Londres. Asegura que la situación política y económica no influyó en su decisión: necesitaba un cambio de aires, tuvo algunos trabajos precarios y cada vez se sentía peor pidiéndole dinero a sus padres. No se considera emigrante, sino aventurero. No quiere quedarse en Inglaterra a largo plazo: está allí para madurar, ganar algo de dinero y ser independiente. Su padre, **CLEMENTE CAYCHO** (Lima, 1963), abandonó su trabajo en el Ministerio de Defensa persiguiendo la promesa europea: «Me dijeron que era un loco, y de loco nada porque yo lo que quería era mejorar la estabilidad de mi familia. Nosotros vemos Europa y Norteamérica como un sueño de alcanzar».

**LAURA PUÉRTOLAS** (Jaca, 1989). Licenciada en Historia y máster en Historia y Ciencias de la Antigüedad. Después de terminar sus estudios pasó un año encadenando trabajos basura en Madrid. En 2014, Alice Mouton, investigadora del Centre National de la Recherche Scientifique (el CSIC francés), la animó a hacer una tesis con ella en París. Vive con una familia que le ofrece alojamiento a cambio de cuidar a sus hijas, pero sus padres la siguen ayudando económicamente. Cuando acabe el doctorado quiere volver a España y dedicarse a la investigación, pero lo ve muy negro, casi tanto como su área de estudio: prácticas religiosas y brujería en la cultura hitita. Sus padres, **CARLOS PUÉRTOLAS** (Jaca, 1959) y **MARÍA DE LOS ÁNGELES RUBIO** (Jaca, 1961) —él camionero y ella profesora de primaria— dicen que lo peor de tenerla lejos no es no poder abrazarla: «El mayor problema es que no terminamos de verla feliz».

**MARÍA PÉREZ** (León, 1988) estudió Ingeniería en Diseño Industrial. Después de terminar la carrera pasó un año en Londres para mejorar su inglés. Regresó a España en 2011 y empezó a buscar trabajo. En diciembre le hicieron una entrevista para un puesto de ingeniera en Colonia (Alemania). No hablaba alemán y no quería volver a irse, pero sus padres la animaron: la empresa le ofrecía treinta mil euros al año («¡y sin experiencia!»). En España solo había encontrado becas de quinientos euros al mes: «Las cosas cayeron por su propio peso», recuerda. Ahora es *projekt manager* en una empresa internacional y tiene un buen sueldo, pero dentro de unos años le gustaría mudarse con su chico a Barcelona, casarse y ser mamá. María nos revela un dato estremecedor: los alemanes mean sentados. Su novio, **CHRISTOPH HEUKAMP** (Bonn, 1973), también ingeniero, no habla español pero sabe las cuatro palabras básicas del idioma: «Dos cervezas, por favor».

**JORGE CASTRILLÓN** (Valladolid, 1977). Licenciado en Historia y máster en Desarrollo y Cooperación Internacional. Saltó de beca en beca durante seis años (Roma, Londres, Ámsterdam) y trabajó en la Agencia Española de Cooperación Internacional para el Desarrollo (AECID). Regresó a España en 2010, después de pasar tres años en Guatemala, y el país que lo recibió estaba enrarecido. Jorge se metió de lleno en el 15M, le gustan las cámaras y tiene el don de la palabra, pero tuvo menos éxito buscando trabajo. Recibió varias cartas de la Policía: no eran de amor, sino propuestas de sanción por manifestarse sin autorización. Un ERE en la empresa de su novia, **MARÍA ARENALES** (Valladolid, 1983), le dio el empujón definitivo para irse con ella a Uruguay. Se conocieron aquel año en el que la gente floreció en las plazas: él como portavoz de los indignados y ella como reportera de Televisión Castilla y León. Ahora producen un programa sobre inmigrantes en la cadena pública uruguaya. Hablan de España con amargura, pero siguen pensando que podemos.

**CINTIA DÍEZ** (Elche, 1988) nunca llegó a comprar un billete para huir de España, a pesar de haberlo planeado en dos ocasiones. Tenía miedo a fracasar y a perder lo único estable que tenía en su vida: una nómina en el McDonald's. Cuando la contrataron en 2006 pensó que sería algo temporal, pero ya lleva diez años sirviendo hamburguesas. Gracias a eso ha podido ayudar a su madre, que estuvo a punto de ser desahuciada. Soñaba con ser médica, aunque no pudo estudiar la carrera. «Al menos soy técnico superior en Anatomía Patológica y Citología, que es lo más parecido a llevar una bata blanca», dice.

**BERNI STALENHOEF** (Santander, 1979), licenciado en Filosofía y Políticas en la Universidad de Reading, y Pensamiento Político en la London School of Economics. Creció montando Legos y ayudando a sus padres en las campañas navideñas de la juguetería San Carlos, un negocio familiar abierto en 1944. Con 13 años su familia le mandó a estudiar a Inglaterra. Su padre falleció en 2003, y poco después Bernardo regresó a Santander para echar una mano y ponerse al frente de la tienda. Después de años de búsqueda minuciosa y tras pedir un crédito para afrontar las reformas necesarias, en 2010 inaugura nueva tienda en un local más amplio. En los próximos tres años, las ventas caen un 50 %, y la juguetería quiebra. En 2015 se marcha a Londres, junto con su novia **EVA FERNÁNDEZ** (Santander, 1984), que trabajaba en un negocio familiar (una tienda de fotografía) que cerró un mes después que la juguetería de Berni. Lo mejor de haberlo perdido todo y no tener nada, dice Berni, es la facilidad con la que se podrán ir de Inglaterra si las cosas se ponen chungas con el *brexit*.

# LA CHISPA

¿Por qué no decirlo? Hay un impulso aventurero, propio de la juventud, que contribuye también de forma poderosa a acrecentar la movilidad juvenil.

— Marina del Corral, secretaria de Estado de Inmigración

*Noviembre de 2012*

**SORAYA** No me apetece hablar de esto. No quiero mirar atrás, sino hacia adelante. Quiero construir. No quiero revivir el pasado, pero creo que tengo que hacerlo porque la gente tiene que saber por qué nos fuimos.

**CINTIA** Mis padres se divorciaron en 2004, cuando yo tenía dieciséis años. Al poco mi madre empezó a salir con el hombre que le arruinó la vida. Él se vino a vivir a nuestro piso, en Elche, y unos años después decidieron comprarse juntos una casa en Las Bayas. Para comprarla rehipotecaron el piso de Elche, ¡un piso que ya estaba pagado! Él me dijo: «Ya eres mayor de edad, búscate un trabajo». Él decía que era para que contribuyese en casa, pero yo creo que ya se olía la tostada, sabía que él no iba a poder seguir pagando esa nueva hipoteca y quería que entrase dinero. Yo había repetido bachillerato, así que me tocó estudiar y trabajar en el McDonald's a la vez. Tres años estuve para sacarme segundo de bachillerato.

**LAURA** Tenía muy claro que quería hacer un doctorado y tenía muy claro que no me apetecía irme fuera. Pero cuando terminé el máster me di cuenta de que mi especialidad en España no existía. Todos los profesores me habían animado a irme, pero no me apetecía en ese momento, así que aparqué el tema del doctorado. Prefería trabajar de lo que fuera para quedarme allí. Cuando estudias Historia te mentalizas para pasar por una fase de trabajos basura, incluso cuando las cosas iban bien. Sabíamos que teníamos muchas posibilidades de pasar por el McDonald's, pero el hecho de que ya de entrada ni te cojan… Me resultó más frustrante no el tener que trabajar de camarera, sino que a otra compañera y a mí nos rechazaran en el McDonald's o en el Burger King. Nos dijeron: «Sí, sí, dejad ahí el currículum», pero nos miraron como diciendo: «No os vamos a llamar», supongo que porque tenían toneladas de currículums. Gracia no me hizo.

**ERNESTO** Me crié en Alcalá de Henares. Siempre he vivido ahí. No tengo recuerdos de Canadá. Mis padres siempre hablaban de Canadá y mis hermanos, que tienen diez y once años más que yo, también. Mis padres hablaban en inglés cuando no querían que yo me enterara de algo. Nunca consideré que tuviera una identidad canadiense, pero sí tenía presente que había nacido ahí y que había algo en mí.

**CONCHI (MADRE DE ERNESTO)** Yo en España estaba bien, estaba casada con un chico del instituto. Él trabajaba en la base de Torrejón, era intérprete. Éramos unos críos. Nos casamos y vivíamos en casa de mi madre. Yo trabajaba en una oficina, pero lo dejé al casarme porque en aquella época estaba mal visto. Tenía veintidós años. Tuvimos dos niños, trece meses se llevaban. Yo siempre quise estudiar Medicina, pero mi madre no podía pagármelo. Lo más que me dio fue un bachiller. Mi marido me dijo: «En Canadá podrías estudiar Medicina, ¿no querrías hacerte enfermera?». Y en aquella época, como tenías que seguir al marido, dije: «Pues bueno, pues vale». A ver qué ibas a hacer.

**BERNI** Nací en Santander, pero con doce años, en 1992, me fui a estudiar a Inglaterra. Cuando falleció mi padre, en 2003, me volví a España a ayudar a mi madre en la juguetería. De la noche a la mañana me vi arrastrado a Santander. Fue como ver mi pesadilla hecha realidad. Dicen que la primera generación crea el negocio, la segunda lo expande y la tercera la caga... Cuando tomé las riendas de la tienda lo pensaba y me reía. ¡Pues hala, toma! Hicimos lo que estuvo en nuestras manos.

**PETER** Mis padres tenían muchas deudas, muchas cosas que pagar. Mi padre es autónomo, lleva su propia empresa, pero en esos días era el único que hacía todo el trabajo. Todos los ingresos se iban directamente en pagar cosas. Tú dices: venga, hoy me quiero ir por ahí. O me doy una vuelta en la calle y no compro nada, o le pido dinero a mi viejo, agacho la cabeza y le digo: «Mira, papá, me apetece salir». También estuve viviendo unos años con mi madre antes de irme y con ella pasaba lo mismo. Era jodido decirle: «Oye, ya sé que estás trabajando todo el día, pero pásame un poco de tu parte para que pueda salir». Ellos no decían que no, pero como que te sienta mal cuando vas creciendo un poquito. Viendo cómo llegan cansados, cómo hacen todas las cosas diariamente, pues te echa un poco para atrás, joder. Por eso también me fui, porque quería ser independiente.

**MARÍA P.** Siempre le decía a mis padres que quería ser bilingüe de inglés. Acabé la universidad en septiembre de 2010 y dije: «La única forma de hacerlo es yéndome». Además, la situación tampoco era muy halagadora [*sic*] en cuanto a encontrar un trabajo. Dije: «Me voy de lo que sea». Pedí una beca del Ministerio de Educación para aprender inglés en el extranjero. A través de una página web que organiza este tipo de viajes me buscaron alojamiento y unas clases. Estuve el mes de octubre con una familia. Fui con billete de ida, pero sin billete de vuelta.

**JORGE** Estuve de beca en beca durante seis años en Roma, Londres, Ámsterdam y después en Guatemala con la AECID. Volví a España en 2010 y llegué jodido. Volví a casa de mis padres, en Valladolid. Que todo guay, ¿no? Mis padres tienen una casa grande y son muy majetes, pero… A mucha gente de mi generación el 15M nos salvó el culo, nos permitió meter energías en algo que nos gustaba y nos ponía bastante, pero en un momento dado empecé a ver que si quería volver a trabajar de lo mío me iba a tener que ir fuera sí o sí. María y yo nos conocimos a finales de 2011, ella es periodista y cubría las protestas. Yo me convertí en una de las caras reconocibles del 15M en Valladolid porque tenía mucho tiempo libre y porque no me importaba hablar en público. En un momento dado nos hicimos pareja y empezamos a pensar de qué manera podíamos hacer algo chulo juntos.

**MARÍA A.** Yo trabajaba en la televisión regional de Castilla y León, los sueldos eran bajos, a veces no llegabas ni a los mil euros. Conseguimos que nos pagaran los fines de semana, pero luego vino más la crisis y nos los quitaron. Estabas en los novecientos cincuenta y si hacías algún festivo, mil. Una puta mierda. Con un estrés del copón, etcétera. Hubo un primer ERE en 2011 que afectó a unas cuarenta personas, muchas para una empresa no tan grande. Con la crisis empezó una especie de amenaza constante de despido: «Estamos al límite, ¿qué va a pasar con nosotros?, ¿va a seguir esto o no?».

**SORAYA** Viajar me ha gustado siempre, había estado en Italia y en Vietnam, pero a la hora de formar una familia yo quería quedarme en España. Nos habían dicho que no íbamos a poder tener hijos, así que quedarme embarazada fue una sorpresa total. Y ahí me di cuenta de que quería estar cerca de la familia. Quería que mi madre pudiese disfrutar de sus nietas y que las nietas pudiesen disfrutar de su abuela. Está bien viajar, pero a la hora de formar un nido yo siempre me había imaginado cerca de mi familia. Pero nos tuvimos que ir.

**ERNESTO** Soraya tenía una beca de tres años, así que nuestra idea era irnos a Hanói y estar tres años allí. Eso fue en 2011. Al día siguiente de enterarse de que estaba embarazada, recibió un correo del AECID comunicándole que la beca se cancelaba por recortes y que cuando acabase el curso en junio no se podía renovar por más tiempo. Como habíamos pensado irnos tres años, la casa que habíamos comprado en Alcalá en la época de las vacas gordas la teníamos alquilada. De repente vimos que no teníamos casa, que no teníamos posibilidad de ir a vivir a ningún sitio: aunque pudiéramos echar a los inquilinos, tampoco podíamos pagar la hipoteca. No teníamos un trabajo ni ningún ingreso, así que nos fuimos a vivir a casa de los padres de Soraya en Torrejón.

**LEONOR** Cuando nos fuimos aún no se hablaba de la crisis, pero la gente informada lo veía venir. Te hablo de mayo de 2008; la caída de Lehman Brothers fue en octubre. Quizá yo no estaba informada, pero siempre sentí que podríamos volver cuando quisiésemos, a los dos años o cuando fuese. Nuestro discurso era: «Si nos va mal, volvemos». Mi generación, creo, solía pensar que para mejorar, para prosperar, estaba bien tener cierta experiencia internacional, pero no que eso fuese una necesidad, no que la migración se convirtiese en una necesidad.

**BERNI** El negocio lo empezó mi abuela en 1944, era un quiosco donde se remendaban medias. En los años cincuenta y sesenta, cuando empiezan a llegar turistas franceses, mis abuelos ven la oportunidad de meter *souvenirs* y empiezan a vender juguetes en la época navideña. Poco a poco la juguetería gana espacio. En 1978, cuando la democracia va arrancando, mis padres regresan de Holanda, donde habían nacido mi hermana y mi hermano, y toman las riendas de la tienda. Al año siguiente nací yo.

**JORGE** A principios de 2013 ya tenía claro que había agotado mis opciones. Por un lado, tenía un desgaste público muy fuerte por mi papel en el 15M: Valladolid es una ciudad pequeña donde si te significas todo el mundo te conoce. En el momento en que te metes en política... Por ejemplo, hicimos unos vídeos criticando a la Diputación Provincial y eso al marido de mi madre, que trabaja allí, le trajo movidas. Te vas convirtiendo un poco en un personajillo local. Por otro lado, había aprovechado para hacer una maestría y retomar estudios de doctorado. Siempre dentro de la precariedad, pero también desde el privilegio de que mis padres, como dicen aquí, me bancaban . No había problema en que me quedase con ellos. Hacía trabajillos en negro, pero si necesitaba pasta me la daban. Aun así, ya con treinta y seis años dices: «Hostias, si me quedo aquí no vuelvo a trabajar».

**LAURA** Conseguí un trabajo de camarera, sin contrato y cobrando poco. El bar cerró al poco tiempo porque no iba muy bien. Luego estuve dando clases particulares en verano: una sustitución en una academia, también muy mal pagado. Luego en otra academia, pero prácticamente me daba para pagarme el desplazamiento y poco más. Daba clases de todo: Historia, Francés, Inglés, Sociales, Geografía y Lengua, y como estaban todos los niños mezclados algunos incluso me preguntaban cosas de Matemáticas.

**CINTIA** En McDonald's conocí a Jose, en 2009. Es una persona muy *tirá pa'lante*, y su madre y él decidieron irse a Brighton sin tener ni idea de inglés. Me dice: «Cintia, vente conmigo, qué haces trabajando en McDonald's, aprendemos inglés...». Yo lo miro, hago cuentas, hablo con mi madre y le digo: «Me quiero ir». No me puso ninguna pega, pero la situación con su pareja ya era terrible, no pagaba su parte de la hipoteca y ella tuvo que prestarle dinero. Veinte mil euros. Me daba miedo dejarla sola. Y menos mal que no lo hice porque, años más tarde, cuando este tío se piró y mi madre consiguió que no la desahuciaran por impago, yo tuve que comprar el piso de Elche que rehipotecaron para no dejar a mi familia sin nada. Lo compré por cuarenta mil euros con mi nómina de cuatrocientos euros del McDonald's. No es que salvase a mi familia, no soy una heroína, pero si hoy pasa algo, mi familia tiene una casa donde estar. Sentía la responsabilidad de quedarme, y aunque deseaba irme, no podía.

**PETER** Yo estaba estudiando Desarrollo de Aplicaciones Web, aquí en Madrid, y dije: «Está muy bien, mola un montón, pero necesito un cambio en mi vida». Los únicos curros que tuve fueron de camarero durante el verano, alguna cosa que me conseguía mi madre. Siempre había ofertas en restaurantes que hacían grandes eventos y pedían mucha gente. Trabajé con unos señores durante bastante tiempo. Se supone que te apuntaban a la Seguridad Social y todo eso, pero me pagaban en negro. También estuve trabajando por mi cuenta de *freelance* como diseñador y poco más. No había un ingreso constante de dinero, y eso de tener veinte años y seguir dependiendo de tus padres... sienta un poco mal. Entonces pensé: «El día que me den las notas me largo de aquí y voy a probar, hago la experiencia, y si pasa que me quedo, me quedo. Y si no, pues nada».

**CLEMENTE (PADRE DE PETER)** Si mi hijo ha emigrado y se ha buscado las habichuelas, le sirve para madurar. Se ha dado cuenta de cómo ha sido el sacrificio de su padre: vivir solo, pagarse sus cosas. Me lo ha dicho él también: «Papá, no pensaba que fuese tan complicado». «Así es, hijo». Va aprendiendo en la vida. Constantemente yo le doy consejos con mi experiencia como inmigrante aquí.

**JORGE** Mi familia estaba acostumbrada a que estuviera fuera. Siempre les había dado un montón de pena, pero nunca había visto llorar a mi padre. El día que me despedí de él para irme a Uruguay... Joder, todavía me emociono al pensarlo. Siempre ha sido un señor como muy tal, y decía: «Ay, hijo, hijo», con unos lagrimones... Me quedé totalmente *flasheado*, de hostia puta, cómo está la cosa. Mi madre me decía: «Vete, es lo que tienes que hacer, tal y como está el tema». En lo que no estaba de acuerdo es en que lo hiciera tan a lo loco. Entre mis amigos fue más complicado. No hubo mal rollo, pero sentí que estaba dejando tirada a bastante gente. Toda la gente del 15M me decía: «Tío, no, no te puedes ir ahora». El otro sector de amigos vallisoletanos más conservadores me decía: «Cuando tienes veinticinco o veintiséis lo entendemos, pero ahora con treinta y cinco te vas a pirar... ¿A hacer qué exactamente?».

**MARÍA P.** Mi plan era buscar trabajo durante ese mes y un alojamiento. El pánico me entró la semana antes de que se me acabara la estancia con la familia. Había un señor español, Borja, que tenía una página web que se llamaba Objetivo Inglaterra y que te buscaba casa, te ayudaba con los papeles que necesitases para trabajar allí y te aseguraba entrevistas de trabajo en hostelería. Yo no quería trabajar en hostelería, no porque tenga nada de malo, pero yo quería tiendas de ropa y eso. Y ya había tenido un par de entrevistas. Contacté con él y le dije: «No quiero todos tus servicios, solo quiero que me des un alojamiento, ya tengo toda la documentación». Él me dijo: «Yo te doy alojamiento, pero pagas el paquete entero».

**ERNESTO** Al llegar a España nos dimos cuenta de cómo estaba todo allí. No salía nada en el ámbito del teatro ni en el de la enseñanza, y en otros sitios me decían que estaba sobrecualificado. Fui a un taller de preparación de currículum del INEM y me recomendaron que quitase ciertas cosas por si los empleadores pensaban: «Este hombre tiene mucha formación y en cualquier momento va a irse cuando encuentre algo más acorde a lo suyo, así que para qué vamos a invertir en él». Quité el doctorado y la experiencia como profesor. No conseguí trabajo y se me había agotado el paro. Pensé en matricularme en algún curso de formación profesional y cambiar de campo laboral. Había un curso de electricidad y otro de instalación de aire acondicionado en la Concejalía de Empleo, pero no pude hacerlos porque cuando llegué ya estaba todo lleno. Darnos cuenta de que ni por un lado ni por otro íbamos a conseguir trabajo fue un proceso largo, así que empezamos a plantearnos la posibilidad de irnos a Canadá.

**CONCHI** Mi marido en realidad tenía trabajo. Me dijo que iba a buscar algo que le gustase más. En aquel año, 1966, en Canadá estaban buscando gente. «Mira: voy y busco trabajo. Que me va bien, te reclamo». Como le fue bien, me llamó, me reclamó, y me fui yo con los dos niños. Fue horrible. Estaba viviendo con otra mujer y quería vivir con las dos. Yo que nunca había salido de aquí... La otra era inglesa, tenía como cincuenta años, unas gafas muy gordas, de aquellas de culo de vaso. Decía que quería vivir con las dos, que en aquel país estaba permitido. Y yo llorando y llorando con los dos niños. Él trabajaba de delineante.

**LAURA** Cuando empecé a trabajar de camarera mi madre tenía una visión bastante positiva, yo creo que intentaba animarme un poco. Me decía: «Bueno, es un trabajo que te va a cansar mucho, pero mentalmente te va a servir para relajarte porque has pasado un año muy duro con el máster y no pasa nada por que aprendas a trabajar de este tipo de cosas». Mi padre yo creo que estaba más frustrado que yo. Mi padre lo llevaba muy mal, él decía: «Tantos años estudiando una cosa tan buena para acabar de camarera». No le gustaba, no quería que me estancara allí. En el tema de irme fuera me han apoyado siempre, pero al principio creo que les costó más. Se lo notaba más a mi padre. Él me intentaba buscar trabajos cerca de casa. Me decía: «¿No habrá alguna empresa por aquí que pueda necesitarte para Recursos Humanos o para algo…?». Él intentaba que me quedara cerca.

**CARLOS (PADRE DE LAURA)** Yo lo que quería es que no se fuese. Ella estudió lo que quiso estudiar. No le pusimos ningún inconveniente, aunque sabíamos que no tenía prácticamente ningún futuro aquí. Yo pensaba que igual lo suyo tenía otra salida, no sé, en alguna empresa o algo así. Como no tenía ninguna, dije: «Pues para estar de camarera… Con todo el respeto hacia los camareros, pero te has pegado cinco años estudiando una carrera, llevas un año de máster y luego haces esto y lo otro. Sabes francés, sabes inglés...». Nunca acababa de convencerme que trabajase de cualquier cosa. Este país no está preparado para los jóvenes, se ha quedado de residencia vacacional para los alemanes y los ingleses. Aquí lo único que hace falta son camareros muy bien preparados, con idiomas, para atender a los señoritos que vienen de fuera. ¿Qué futuro le quedaba ahí?

**MARÍA A.** Sentía que algo fallaba: el entorno laboral cada vez era peor, veía más corrupción, que se reían del ciudadano, echaban a la gente de sus casas y les daba igual. Al trabajar en un medio donde siempre contaba las penurias de los demás, porque yo estaba en la sección de Economía, era como una acumulación. Sientes como que eres muy pequeño. A veces es muy difícil darse cuenta de lo mucho que estás siendo aplastado, pero parece que la gente por fin tiene ganas de cambiar eso. Me fui por una mezcla de todo: por la situación política y económica, pero también tenía ganas de dejar todo atrás y empezar algo nuevo, algo que me ilusionase y no estar todo el día enfadada.

**BERNI** En 2004 me metí de lleno en la tienda y empezamos a buscar un nuevo local en Santander. Sin prisa, pero siempre con el radar puesto. Lo encontramos en 2009, era una maravilla y estaba a unos metros de la tienda original. Era perfecto, aunque requería una gran inversión: entre la reforma y echarlo a rodar fueron unos cuatrocientos mil euros. Hicimos números asesorados por gente que sabía y decidimos lanzarnos. Mi madre hipotecó su casa y con los ahorros que teníamos empezamos las obras. Estábamos en plena crisis, ya la estábamos empezando a sufrir, pero pensábamos: «¡No va a durar para siempre!». Además, las Navidades de 2008 habían sido las mejores que habíamos tenido nunca en la tienda. Abrimos el nuevo local en septiembre de 2010. Lo que se empezaba a oír era que en 2011 las cosas iban a ir mejor. «Bueno, si tenemos dos años chungos podemos aguantar», pensábamos. «En el peor de los casos podemos pagar el mantenimiento». Las ventas no aumentaron ni se mantuvieron, sino que bajaron un 50 % en tres años. Tuvimos una campaña navideña aceptable en 2010, 2011 empezó fatal y ya no levantamos cabeza.

**CINTIA** Iba en serio, lo miré todo. Vuelos, dónde quedarme, hablé incluso con mi jefe en McDonald's para pedir una excedencia. Jose contaba con que me iba con él. En McDonald's me dijeron que sí, que me daban una excedencia, pero que si volvía no sabían si tendría trabajo. Y supongo que ese era mi miedo. «¿Y si no me va bien allí?», pensaba. «Si me vuelvo ni siquiera tendré trabajo». Veía que cada vez más gente se iba y yo me sentía incapaz. Pensaba: «Me voy con Jose y su madre, ¿y qué?». Ellos tenían algo de dinero ahorrado, pero yo no. Yo me iba sola. Mi madre me dijo: «Si te vas, te deseo lo mejor, pero yo no puedo ayudarte económicamente, Cintia».

**LEONOR** Mi chico trabajaba en una empresa de comunicaciones. Le dieron la oportunidad de irse a Luxemburgo, y como mi contrato en la universidad duraba un año y se me acababa, me fui con él un poco así, alegremente. Le apoyé ciegamente. Ciegamente porque en ese momento no vivíamos juntos, solo llevábamos un año, y lo vi como una oportunidad mucho más rápida e interesante de afianzar nuestra relación. Creo que mereció totalmente la pena apoyarle, lo que pasa es que yo necesito resultados muy inmediatos y los buenos resultados llegaron con el tiempo. Sería absurdo decir que fui expulsada por la crisis. La migración siempre la vimos como algo concreto, en un período determinado de tiempo y con posibilidad de volver, claro, cuando nosotros quisiéramos.

**ENRIQUE (MARIDO DE LEONOR)** Nos fuimos en ese momento precrisis en el que aún no se vislumbraba el impacto de todo. «Vamos a tener una experiencia internacional, parece que hay una oportunidad que está bien, nos volveremos dentro de poco, vamos a disfrutarlo y ya está». Pensábamos volver en dos o tres años como mucho. La cosa se fue alargando y cuando decidimos que queríamos volver a España… no pudimos. El momento que me hizo pensar que realmente quería volver fue cuando nació nuestra hija. Hasta entonces echaba de menos a mis amigos, a mi familia, el tiempo, por supuesto, el sol…, pero no era algo tan presente y yo todavía estaba disfrutando la experiencia de vivir fuera. Pero cuando nació Cristina en febrero de 2013... No es por decir: «Vuelvo y que me ayuden mis padres». No es tan sencillo. Es como que algo dentro de mí se empezó a mover, la añoranza...

**JORGE** No sé cómo estará el asunto ahora, pero a principios de 2013, por lo menos en Valladolid, había una depresión colectiva de la hostia. Además con mucha presión política: acababa de recibir dos propuestas de sanción de la Subdelegación de Gobierno por participar en una manifestación legal. Un día me llamó mi padre y me dijo: «¡Hijo! Ha venido un policía a dejarte una carta». Y le digo: «¿Ah, sí? Qué bien, qué bonito, ábrela». Entonces la abrió y empezó a refunfuñar: «Joder, esto ni en la dictadura, hostias». Y le digo: «Qué dice». «Nada, que te proponen para una sanción administrativa —que no sé si era de ochocientos o mil euros— por haberte manifestado sin permiso tal día». Ese «tal día» había habido una cacerolada porque se había votado algo en Europa y nos habíamos juntado cien personas delante de la catedral. Habían sido como cuarenta minutos y ya.

**MARÍA P.** El de Objetivo Inglaterra me pedía mucho dinero, serían unos quinientos euros. Ahora visto desde fuera me sentí un poco utilizada, se aprovechaba de la situación, pero en ese momento me vino bien. El alojamiento estaba en una zona que se llamaba Leyton. Era un poco... Yo no me sentía muy segura andando por la calle, vamos a decirlo así. Vivía en una típica casa inglesa de tres plantas y un sótano con catorce personas, todos españoles. Era algo provisional. Había ido allí a aprender inglés y relacionándome con españoles no iba a aprender nada. Iba con un plazo determinado, no iba a vivir la aventura —bueno, también un poco—, estaría allí hasta que supiera inglés y después me volvería. Teníamos dos baños, había uno que nos robaba la comida... Las típicas cosas que pasan cuando viven catorce personas juntas.

**ERNESTO** Soraya no podía buscar trabajo porque estaba embarazada de cinco meses y además de gemelas. Con una tripa tan gorda nadie la iba a contratar sabiendo que en cualquier momento podía dar a luz. Seguí buscando trabajo y no había nada. O lo que había estaba muy mal pagado. Una escuela de español en Madrid me ofrecía una jornada de seis horas diarias, sin contar con el tiempo para preparar las clases ni para corregir exámenes y trabajos. Todo ello, seiscientos euros brutos al mes. Pensé: «No voy a ver a mis hijas, y ese dinero no me llega para mantenernos si queremos dejar de estar en casa de los padres de Soraya».

**SORAYA** Llegó un momento en el que, incluso en el mejor de los casos, si encontrábamos trabajo los dos, tendríamos que dejar a las niñas con mi madre. Y llegar por la noche cuando ya estuvieran durmiendo. Esto lo sufre la gente que está en España. Ahora mismo tengo amigas que no tienen horario de salida y los sueldos tampoco les dan como para que solo trabaje uno. No puedes mantener a la familia con un sueldo ahora mismo allí.

**PILI** Hay una diferencia entre la familia de Ernesto y la familia de Soraya. A ambos les gusta viajar, pero la familia de Ernesto está compuesta por pilotos, azafatos, la madre ya emigró a Canadá... Mientras que mi familia viaja de aquí a Cuenca. Para mí personalmente es muchísimo más duro. Es un mundo.

**BERNI** El día que decidimos el cierre nos reunimos mi madre, nuestros asesores, mis tíos (no presencialmente, pero sí en la distancia) y yo. Decidimos cerrar con los números en la mano. Muy rojos. Rojos los números, mis asesores no eran rojos, eran un poco azules. En ese momento se me quitó una carga de encima. En el último año y medio había sufrido acidez de estómago, vértigo, en algún momento me recetaron Valium... Hay que ser muy fuerte para que no te afecte el cierre de un negocio. No lo digo por el negocio en sí, sino porque repercute en familias: a todos nos gusta comer tres veces al día, y si no estás pagando los salarios alguna familia lo va a pasar mal, y algunos se habían metido en hipoteca, y una chica estaba planeando tener un bebé... ¡Son historias reales! Y si a un proveedor no le pagas la factura, a lo mejor tiene a otros cincuenta clientes que no le pagan las facturas, y te llaman por teléfono...

**PETER** Hice tres proyectos para un bar y me saqué novecientos euros más o menos. De ahí cogí y me compré el billete para verano, con dos semanas de antelación, me salió bastante caro. Con lo demás dije: «A probar». Se lo conté a mi madre, estuve hablando con una chica que vivía en Londres y que había conocido en un festival y al final le dije: «Mira, oye, voy a ir estas fechas, si no te importa acogerme durante dos semanas hasta que encuentre algo, sería genial».

**LAURA** Vi que no podía seguir en Madrid porque no tenía con qué mantenerme y no quería volver a casa de mis padres. Pensé en retomar el tema del doctorado e irme fuera, o a lo mejor hacer otro máster en Europa. Quería quedarme en Europa dentro de lo posible. Me puse en contacto con una profesora que trabaja sobre los temas que me interesan y me dijo que me viniera a París y que hiciera la tesis con ella. Me sorprendió porque apenas me conocía. Me emocionó el poder hacer lo que yo quería aunque me tuviese que ir. Dije: «No sé cómo me voy a ir, pero me voy».

**MARÍA DE LOS ÁNGELES (MADRE DE LAURA)** El momento en el que tuvo que irse lo vivimos mal porque la hemos visto trabajar mucho. Pero veíamos que no había un futuro, que todo su esfuerzo y sus inquietudes no se podían quedar estancadas, porque era perder todo lo que había hecho hasta entonces. Desperdiciar todo el potencial que ella tenía, el dinero que habíamos invertido, todo. A ella no le apetecía irse fuera y a nosotros que se fuese menos aún. Pero aquí no pudo quedarse. Si se quedaba solo le salía cuidar niños, estar de camarera o de cajera en un supermercado. Quisimos apoyarla hasta donde pudiéramos, por todas las ilusiones que habíamos puesto tanto ella como nosotros.

**JORGE** Recuerdo que nos pasaron el expediente policial y era de coña, era como un documental de los setenta: unas fotos en blanco y negro tomadas como detrás de un árbol, un círculo al lado de mi cabeza, el nombre, el DNI... La brigada de información a tope. Mis padres decían: «Esto es un retroceso claro». Yo lo he tenido fácil porque mi familia lo entendía, pero los compas que vienen de contextos familiares un poco más tradicionales... Para un amigo mío de una familia muy conservadora, gente de clase media que nunca se ha metido en historias, era como si hubiese atracado un banco.

**ERNESTO** Había gente que no comprendía que nos tuviéramos que marchar. Nos decían: «Si quisieras, te podrías quedar, podrías hacer esto, podrías hacer lo otro». Imagino que si hubiésemos buscado varios trabajos cada uno para llegar a fin de mes, y hubiésemos dejado a las niñas con la abuela, pues claro, habríamos salido adelante como hacen muchos españoles. Pero para nosotros también es muy importante que nuestras hijas tengan una calidad de vida, y no que se acuesten y se levanten y solo vean a papá y a mamá media hora al día. Más de una vez he sentido que tenía que justificarme.

**CONCHI** Con todo lo que luchamos para construir España de nuevo, después de la dictadura, que ahora nuestros hijos se tengan que marchar... Me da rabia. Ernesto puso en Twitter cuando se fue que se despedía del cielo de España. Cuando fui a llevarle al aeropuerto, ay... con las niñas en brazos... ¡Igual que yo! Es que yo tenía dos. Me recordaba a mí.

**CINTIA** Hasta la semana de antes de que Jose se fuese a Brighton con su madre, yo tenía la idea de irme. Pero a la hora de comprar los billetes, no me atreví. Le dije: «Jose, mira, al final no me voy, no puedo». Tenía ese miedo en el inconsciente. Muchas veces tenía pesadillas con que me iba fuera y todo me salía mal. Soñaba que me iba y no encontraba trabajo, que no hablaba el idioma, que me bloqueaba. Ahora lo pienso y digo: «La gente se va y aprende el idioma, ¿por qué no iba a hacerlo yo?». También es que sentía que iba a dejar tirada a mi madre. Ella nunca me dijo «quédate». Pero entre mis miedos, la situación en casa y comentarios de mi abuela como: «¿Y qué haces tú ahí?»... te echas atrás y te quedas con las ganas de irte.

**BERNI** El proceso de decir: «¿Qué coño hacemos con nuestra vida?» no fue de un día para otro, empezó a germinar en el momento en que decidimos cerrar. Mi novia también trabajaba en una empresa familiar, en el sector de la fotografía, que cerró sus puertas un mes más tarde que nosotros. Eva y yo hablábamos de la falta de ilusión por la realidad del país y por nuestra situación, pero no nos marchamos enseguida: bajar la persiana de un comercio no implica el cierre de la empresa, hay que preparar impuestos, declaraciones, mantener reuniones con el banco, el personal, los abogados...

**EVA (NOVIA DE BERNI)** Sentía que fracasábamos si nos quedábamos en España, sentía que era el momento: si lo dejábamos pasar nos íbamos a arrepentir siempre. Lo pasamos muy mal los últimos años con el cierre de los dos negocios, sufrimos mucho con la crisis. Yo necesitaba un cambio de aires importante, Bernardo quizá menos porque ha vivido fuera muchos años, ha viajado... Pero yo lo necesitaba.

**MARÍA P.** Mi abuelo estaba enfermo, tenía leucemia. Llevaba un año y pico enfermo. Y te lo esperas, pero cuando pasa es cuando te das cuenta. Me acuerdo de ese día porque les dije a los del trabajo: «Mañana no traigáis nada de comer que voy a hacer tortilla de patata para todos». Me había levantado antes para hacer la tortilla para toda la tienda y me llamó mi padre. Y me dice —intentando que no notase que él estaba mal—: «Estoy de camino al pueblo, están llevando a tu abuelo al tanatorio que ha fallecido esta mañana. Bueno, ya hablamos luego». Y me colgó. Claro, yo estaba ahí con mis patatas, con mis huevos, y dije: «Qué cojones es esto». Lo pasé muy mal. Lloré mucho. Llegué al trabajo y enseguida me lo notaron. Me dijeron: «Marcha, coge un avión». Y les dije: «No puedo cogerme un avión ahora, me cuesta quinientas libras, además hoy ya no quedan vuelos». Esto fue el 5 de febrero. Yo ya tenía planeado ir a León por el cumpleaños de mi padre, que es el 9 de febrero, ya tenía el billete comprado. El funeral fue un domingo y yo llegué un lunes, justo el día después. Llegué, abracé a mis padres y me puse a llorar como una descosida. Lo pasé muy mal, la verdad. Perder a mi abuelo me duele, pero no estar al lado de mi padre y de mi abuela fue lo peor de todo. Mi padre me dijo: «Estábamos en el tanatorio y mis hermanos estaban con sus hijas y yo estaba solo», y eso me dolió.

**PETER** Mi madre se rayó un montón. Me dijo: «Por qué te quieres ir si aquí lo tienes todo. Yo trabajo, te doy dinero». A mi madre no le entraba en la cabeza, y yo diciendo: «Mira, es una oportunidad para aprender inglés, una oportunidad para empezar una vida por mi cuenta y una nueva experiencia». Mi padre lo veía normal porque al fin y al cabo él también lo ha hecho. Me decía: «Vete a por ello, pruébalo». Cada vez que le llamo me pregunta: «¿Estás bien? Si no, vuélvete, esta es tu casa, no te va a faltar de nada, somos tu familia y te vamos a apoyar en lo que sea». Irme me iba a sacar de esa zona de confort que tenía, para poder crecer hacia la madurez y no quedarme en esa juventud que hace tres años tenía. Porque si te digo la verdad, se nota un montón el cambio.

**SORAYA** La gente que se ha quedado y dice cosas como que los emigrantes se han ido porque han querido, o que no tendrían que votar, o que nos quejamos mucho... Creo que no lo dicen con maldad. Quizá no conocen a nadie que se haya ido queriendo quedarse. O sí, y esa persona les ha puesto buena cara y les ha dicho: «No, no, estamos bien», y no les ha contado la verdad. Por eso quería hacer esto aunque no me apeteciera. Creo que no les han contado la historia real. Y creo que la gente allí también lo está pasando mal. Gente que pensará: «Jolín, se van, ganan un pastón y los llaman "pobres emigrantes". ¿Y los pobres que nos hemos quedado aquí?». Y tienen razón. Porque los pobres que se han quedado allí, con trabajos mal pagados y muchas horas, llegan ya de noche para darle un beso a sus hijos... No me lo puedo imaginar. Si lo miras desde su punto de vista, cambia: a lo mejor ellos se habrían querido ir y no han podido.

**CINTIA** Otro amigo mío que es fisioterapeuta se fue a Francia. Lo visité y recuerdo que pensé: «¿Y si me quedo en el sur de Francia?». Pero volvió a pasarme lo mismo. «Qué hago yo allí, no sé francés». Era mi pensamiento en bucle. Yo no quería que mi vida fuera así, yo cuando de pequeña me imaginaba de mayor pensaba en que llegaría a la universidad, me sacaría mi carrera y me iría donde quisiera. Pero ¿dónde me iba sin título? ¿Qué? ¿Me voy para trabajar de camarera? ¿Y si todo me sale mal y quiero volver, pero ya no tengo trabajo aquí en McDonald's? Ya ves tú, ¡un trabajo de cuatrocientos euros...! Pero es que ese dinero era una ayuda en casa. Lo pensaba de verdad, quería irme, pero nunca llega, nunca llega. Piénsalo: no me voy al extranjero por miedo a perder mi trabajo en un McDonald's.

**MARÍA P.** Me volví a España el 26 de junio, después de pasar un curso en Londres. Yo no quería irme más. Había un señor en León que tenía una empresa de anuncios de revistas y publicaciones y le había comentado a mi padre: «Sí, yo le consigo trabajo a tu hija, le hago un hueco aquí». Lo típico. Cuando volví fui a hablar con él y me dijo: «Es que ahora no hay mucho trabajo». Entonces empecé a echar currículums. Igual echaba veinte al día. En toda España, pero no fuera de España. Echaba por LinkedIn, por internet, por correo, me cogía el coche y me iba a Valladolid a los parques tecnológicos, y los repartía. En Madrid también lo hice. Me hacía una lista y cada mes volvía a repartir donde los había repartido por aquello de que a veces se quedan abajo y luego nunca los leen… Me apunté a la oficina del paro, pero no me llamaron nunca. Nunca, nunca.

**MARÍA A.** En 2012 llegó el segundo ERE y de un día para otro nos dijeron que iban a despedir a otras cuarenta personas. Yo ya lo había hablado con Jorge, lo de irnos, y me metí en el despacho del director y le dije que si no estaba despedida, me presentaba voluntaria. Jugaba con esa baza, la de tener una indemnización económica para poder hacer algo. De los ocho que nos fuimos de los informativos, cuatro lo hicimos de forma voluntaria. Cómo sería la empresa para que, con la que estaba cayendo, en medio de la crisis, decidieses irte voluntariamente.

**PILI** Es totalmente diferente cuando Soraya se va a Canadá que cuando se fue a otros sitios. Se fue a Vietnam con una beca. Eso era una cosa temporal. Pero cuando se fueron a Canadá… fue mucho peor para mí. Ya aquello olía como que se iban para más tiempo. Si emigras a un sitio como Inglaterra no lo notas tanto, pero Canadá está tan lejos...

**CARLOS** Lo más duro es el principio, después ya... Si nuestro otro hijo se tiene que ir cuando acabe la carrera pues es lo que hay. Ya no será tan duro, creo, porque como tenemos la primera experiencia de Laura...

**MARÍA DE LOS ÁNGELES** O más duro, porque sería tener a los dos hijos fuera.

**LAURA** Una amiga me dijo: «A ver, Laura, una vez que acabas los estudios los planes quinquenales no existen». Ya llevo varios años asimilando esa información. Ahora cuando la gente me pregunta: «¿Qué vas a hacer?», digo: «De aquí a cuatro años hago una tesis en París, pero el cómo, el dónde... ya no sé, ya lo iré viendo. Yo sigo echando becas, cosas... a saber».

**MARÍA P.** Entré en LinkedIn y vi una oferta de trabajo en una empresa que se llamaba RLE. Ofrecían el mismo puesto en Barcelona y en Colonia. Yo apliqué para Barcelona porque dije: «Yo no me voy de aquí». En diciembre me puse a trabajar en El Corte Inglés para hacer algo, porque me aburría como una ostra. Pensé: «Bueno, trabajo en la joyería, gano un poco aquí y ya está». Tampoco me daba para vivir. Me daba para no sentirme mal cuando me iba de fiesta y me gastaba cincuenta euros, las cosas como son. Me llamaron y me preguntaron si estaría interesada en el trabajo en Colonia. «No, no, no. Yo en Colonia nada de nada». Me dijeron: «Hay una entrevista el lunes en Barcelona, son veinticinco candidatos, tú estabas en la reserva, pero uno de los chicos no va a venir y tú entras en la lista». Rollo *Operación Triunfo*.

**JORGE** Elegimos América Latina sobre todo por el tema del idioma. Además, era el «momento fascinación» con Pepe Mujica: Uruguay como paraíso del progresismo, sitio tolerante, guay del Uruguay… Ahora lo pienso y ¡hostias! Siempre me había movido con una red de seguridad: me había ido con una beca, con un contrato, sé que voy a hacer allí, sé si voy a ganar dinero... No conocíamos a nadie, solo a amigos de amigos de amigos, no teníamos ni puta idea de qué nos íbamos a encontrar y dimos el salto.

**BERNI** Amo a mi familia, les adoro y les echo muchísimo de menos, pero si me tengo que ir a Australia, me voy. O a Canadá. Pero el padre de Eva lleva varios años con una enfermedad grave que le ha tenido entrando y saliendo del hospital, y eso significa que tienes que estar cerca. Tenía que ser Europa, y acotando más, tenía que ser Holanda, por mi familia, o Inglaterra, por el idioma. Yo no quería Holanda porque no quería pedir favores, no quería esa sensación de «oh, pobrecito Bernardo, vamos a ayudarle». Con mi estado de ánimo por los suelos, eso era lo que menos necesitaba. Además, mi madre me dijo: «A Holanda no, que yo he vivido allí y no os veo». Mi hermano también vivió allí y acabó asqueado. Eva se decantaba más por... Eva, ¿tú te decantabas más por Holanda o Inglaterra?

**EVA** Holanda [responde desde otra habitación].

**BERNI** ¡Holanda, anda, mierda! Pero yo no hablo holandés, lo chapurreo un poco, pero mi perfil profesional es el comercio y tienes que hablar bien el idioma. Entonces decidimos irnos a Inglaterra.

**CINTIA** Ese tiempo en el que dejé de lado los estudios porque tenía que trabajar yo lo considero un tiempo perdido. Por eso la gente cuando me pregunta: «Oye, ¿tú cuántos años tienes?». Yo digo: «Veinticuatro». Y voy a cumplir veintiocho. Pero me quito siempre tres o cuatro porque para mí esos años han sido trabajar. Dejé de celebrar mi cumpleaños porque me veía igual. Año tras año me miraba al espejo y me veía igual. Veías que la gente a tu alrededor evolucionaba y yo no; seguía trabajando en un McDonald's e incluso tenía la misma ropa. Cuando viene un cambio la primera sensación que tengo es de agobio, me quedo sin respiración. Eso también me pasaba cuando pensaba en irme. Y eso que decía: «Toda la gente de tu alrededor cambia, mucha se va, ¿por qué a mí no me va a ir bien?». Los cambios que he visto en mi vida desde que tengo dieciséis o diecisiete años han sido malos, así que cuando se avecina un cambio lo único que pienso es que va a ir mal.

**MARÍA P.** Cuando me llamaron iba con mi padre en el coche y le dije: «Yo no me voy otra vez». Por la noche en casa lo hablamos y él insistió: «Inténtalo». Entonces me entró la angustia. «A ver, que no me voy a ir a Alemania. Lo pasé tan mal cuando pasó lo del abuelo… Me buscaré otro trabajo, cobraré quinientos euros, me da igual». La pareja que tenía en ese momento y mi familia me dijeron: «Vete a la entrevista, ves lo que pasa y siempre tienes tiempo de decir que no». Me convencieron. Fui a Barcelona, hice la entrevista, que era en inglés, volví y a la semana me dijeron que el puesto en

Colonia era mío. Pensé: «Ah, estupendo, ¿y ahora qué hacemos?». Creo que la plaza de Barcelona ni siquiera existía, que era solo una forma de enganchar a más gente.

**ERNESTO** Varias veces nos llegamos a arrepentir de habernos ido a Canadá. Decías: «¿Qué hago yo aquí? Me he equivocado. Me vuelvo con la cabeza gacha y el rabo entre las piernas, volvemos a casa de los suegros y si hay que pasarse allí dos años pues ya tiraremos, como tantos otros». Sobre todo porque salíamos con la idea de que tengo la nacionalidad canadiense, tengo un doctorado, todo va a ser fácil, voy a encontrar trabajo enseguida, esto está hecho... Y de repente ves que no, que las cosas no van tan rápido como creías. Lo primero que se te pasa por la cabeza es: «Me he equivocado y debería haber aguantado como otros aguantan».

**SORAYA** Al principio había gente de mi familia que me decía: «Ay, con lo mal que lo está pasando tu madre, ¿cómo no volvéis?». O cuando Ernesto estaba buscando trabajo como un loco, en esa época en la que uno de los dos tenía que estar positivo, me decían: «Pues para no tener trabajo ahí, os venís».

**BERNI** Es extraño. Pensaba que mi vida en Santander estaba planificada y encarrilada, que discurriría todo por caminos trillados y de repente lo perdí todo, cerramos la tienda, vendimos la casa, y sentí que yo perdía el futuro.

**CINTIA** Ahora lo pienso y me arrepiento de no haberme ido. Habría aprendido inglés, habría conocido gente y siempre puedes volver. Pero no sé por qué el miedo no me ha dejado irme nunca.

# DESPEGUE Y ATERRIZAJE

> Si vemos que hace falta gente en Alemania, y en España hay un 40 % de jóvenes sin trabajo, no vamos a traer inmigrantes de fuera [de la UE].
>
> — Angela Merkel, canciller alemana
>
> *Abril de 2012*

**BERNI** Eva se vino a Londres cuatro meses después que yo. Volamos con Ryanair desde Santander. En la misma fila de asientos coincidimos con una antigua amiga de Eva, de los quince años o por ahí, y nos empieza a contar su realidad en Londres, como trabajadora en un restaurante de comida rápida. Ella ya estaba establecida, llevaba unos dos años con el novio. Se habían ido por la crisis. En ese momento se me cae el alma a los pies, lloraba por dentro. Me imaginaba en dos años, en ese mismo asiento, contándole a un amigo de la infancia mi situación en Londres. Pensaba: «¿Esto es lo que nos espera?».

**PETER** Cuando me llevaron al aeropuerto todo el mundo estaba estresado. Mi vieja sobre todo, mi vieja estaba supercabreada: «Que no, que esto, que venga, que llegamos tarde». También es que se estresa por nada. Fue un poco triste. Era la primera vez que salía de casa, pero pensé que serían como unas vacaciones y no me lo tomaba tan a pecho. Nos despedimos todos. La que peor se puso fue mi madre, que estaba más atada a mí.

**MARÍA P.** Me dijeron que el puesto de Colonia era mío el 22 de diciembre, me acuerdo porque era el cumpleaños de mi madre. Tenía que empezar a trabajar el 2 de febrero, lunes. Me fui el 28 de enero, cogí un tren de León a Barcelona y esa noche dormí en casa de unos tíos de mi padre. Al día siguiente nos levantamos a las cinco de la mañana y me llevaron al aeropuerto. No se me olvida el detalle de que yo iba con mi maleta y se me pasaba de kilos, así que saqué el secador y se lo di a la tía de mi padre: «El secador pesa mucho, quédatelo». Me acuerdo porque me lo devolvió el mes pasado. Me viene con una bolsa y le digo: «¿Y esto?». «Sí, ¿no te acuerdas del día que te llevamos al aeropuerto…?». De eso hace casi cinco años.

**LAURA** Llevaba una maleta gigantesca, que de hecho está ahí detrás [se gira y la señala a través de Skype], pero como solo podía llevar veintitrés kilos iba medio vacía. Libros me llevé muy pocos, dos o tres manuales que sabía que iba a necesitar. Cuando ya has hecho muchas mudanzas aprendes a no acumular. Lo demás era sobre todo ropa de invierno, el ordenador… y algunas fotos de amigos y de la familia que había impreso para decorar un poco y ya está.

**PETER** Fui con una maleta grande, ropa esencial, abrigos, mi vieja me metió mazo abrigos porque sabía que iba a pasar frío. Para esos tiempos estaba tocando bastante la guitarra, así que también me la llevé para acompañarme un poco. Y poco más, con lo puesto.

**BERNI** Llevé una maleta pequeña y metí el traje para las entrevistas con la camisa blanca y los zapatos, un par de camisas más, pijama y poco más. El piso en el que vivíamos se quedó tal cual estaba. La mudanza le tocó hacerla a Eva sola en julio, que me lo recuerda en cuanto puede... ¿A que sí, Eva?

**MARÍA A.** Cuando vine para acá me traje *Las venas abiertas de América Latina*, de Galeano. Muy típico. Me traje algún libro más, pero no me acuerdo… Ese me lo regaló Jorge antes de venirnos.

**JORGE** Nunca me había dado ansiedad salir, pero la semana anterior a irnos a Uruguay tuve un montón de pesadillas, de sueños angustiosos. El primer recuerdo que tengo de cuando era niño es de un día que mi madre no me llevó al colegio porque tenía que trabajar. Me llevó la hija de una vecina, que tenía como catorce años. Yo era supermico, tendría tres años, pero me acuerdo de esa sensación de ir superangustiado por la calle porque no sabía qué me iba a encontrar. La pesadilla era más o menos lo mismo, llegaba a un sitio superoscuro donde no conocía a nadie y de repente todo empezaba a salir mal. Me pedían el pasaporte, no lo encontraba, perdía la cartera, me separaban de María y no la veía... Tenía esa sensación de calor que te entra en la cara cuando la estás cagando totalmente, me daban ganas de ponerme a llorar. Me levanté taquicárdico. Era el rollo de irte lejos y realmente sin nada. Al día siguiente, María me dijo: «Joder, menuda noche me has dado, majo». Y lo analicé y dije: «Joder, era esa sensación de desamparo y de miedo, la misma que cuando era crío».

**MARÍA A.** No me acuerdo de decirle: «Qué noche me has dado». Recuerdo nervios, eso sí, pero como vas acompañada y con un dinero, piensas: «Si se me acaba y no he encontrado nada, pues vuelvo. Lo habré intentado, hay que atreverse, si nos va mal nos volvemos». Otra gente no se lo puede plantear así, no pueden volver a su país.

**CONCHI** Cuando me despedí de Ernesto en el aeropuerto creo que no tenía palabras, es que no lo puedo ni recordar. Él ya sabía todo lo que quería decirle. No sé qué fue más duro, si cuando me quedé sola en Canadá con veintisiete años y dos niños o cuando se me fue Ernesto.

**ERNESTO** Desde pequeño mis padres me habían dicho que yo era hijo de emigrantes. En el aeropuerto, en la cola para embarcar, se me ocurrió mirar Twitter. Justo en ese momento algún político acababa de negar el número real de emigrantes españoles. Me recuerdo en la fila indignado.

**PILI** Siempre han sido tan duras las despedidas... Cada vez es muy duro, pero yo creo que la primera vez fue más crudo y desgarrador. Nos tirábamos besos y nos quedábamos llorando. Cuando llegué a casa me metí en la cama. Y ya está. Me metí en la cama y ni quería comer ni quería nada, solo estar en la cama. Y una amiga me llamó y me dijo: «Pili, que estamos en la piscina toda la pandilla, venga, bájate». Y le dije: «No, no voy a bajar, estoy acostada». Y dijo: «Vale, pues entonces me salgo yo de la piscina y voy a buscarte y nos bajamos por ahí las dos». Era un 16 de julio, con un *tostaero*... Mi amiga Angélica... esa mujer tiene el nombre bien puesto. Me ha ayudado mucho.

**LEONOR** Después de siete años en Luxemburgo, Enrique y yo nos planteamos regresar a España. Queríamos volver, volver, volver. Lo decidimos en 2014 y nos dimos de plazo hasta finales de 2015. Justo entonces me ofrecieron un puesto en la Universidad Complutense de Madrid. Unos días antes supe que tendríamos otro bebé[1]. Volver a Madrid sola fue muy difícil. Decidimos que Enrique se quedase en Luxemburgo hasta que encontrase un trabajo en España. Yo vine con mi hija Cristina y se me juntó todo: daba clases, estaba embarazada y tenía una plaga de cucarachas en casa. Y como soy bastante teatral me lo tomé casi como una plaga bíblica. Me salieron debajo de la cama, en el baño, en el cuarto de mi hija... Lo vi casi como un símbolo, como una señal.

**LAURA** El viaje se me hizo largo porque iba yo sola y estuve casi un día viajando. Fui desde Madrid porque era más barato que desde Alicante.Cogí el último autobús que salía de mi pueblo (San Pedro del Pinatar) a Murcia. De ahí cogí un autobús nocturno al aeropuerto de Madrid, luego el avión a París y allí el cercanías o metro hasta la casa en la que estoy viviendo.

**MARÍA P.** Sabía que Düsseldorf estaba al lado de Colonia, así que compré un billete Barcelona-Düsseldorf. Lo que no sabía es que hay dos aeropuertos: uno que está a media hora de Colonia y otro que está a dos horas. ¿Y dónde aterrizó María? Ahí. Había que coger un autobús, el ultimo salía en media hora, la cola era enorme… fue un poco estrés. No sabía decir ni «hola» ni «gracias». Me planté allí y dije: «Hostia, tonta

1. El bebé nació en julio de 2016.

de ti, no te has mirado ni un diccionario para ver cómo se dice "gracias"». En Colonia la empresa más grande que hay es Ford, y Ford es americana, así que el lenguaje oficial es el inglés. Saber alemán no era un requisito.

**JORGE** Cogimos un vuelo barato y eso implicaba hacer transbordo: de Valladolid a Londres y de Londres a Buenos Aires. Allí tengo una buena amiga que conocí en Guatemala y para hacerlo todo un poco más suave decidimos quedarnos una semana. Estuvo bien, fue como una transición. Habíamos intentado planear el viaje lo mejor posible para tener un sitio donde quedarnos en Montevideo, pero es jodido, es una ciudad donde no hay costumbre de compartir piso, y para alquilar es muy difícil hacerlo desde lejos: el mercado del alquiler es muy restringido, te piden un montón de garantías, lo tienes que ver…

**PETER** Cuando llegué a Londres empezaron las cosas graciosas. Porque claro, yo me acuerdo de que cuando estudiaba inglés se me daba bien, no estudiaba mucho, pero sacaba buenas notas. Decía: «Venga, yo creo que lo puedo manejar, no pasa nada». Pero una vez allí no tenía ni puta idea de adónde ir, yo me guiaba más o menos por mis instintos. Con la chica había quedado a una hora en Victoria Station, me iba a recoger ella y me iba a llevar a su casa, pero yo llegaba con media hora de retraso, había perdido el bus que supuestamente había contratado y ya no sabía cómo llegar a tiempo. Entonces busqué una cabina de teléfono, pregunté a un señor y empezó a hablar y no le entendí ni papa. Yo decía: «Sí, sí», pero nada. Era una movida. Al final encontré una cabina, pero tampoco sabía usarla: no sabía que cuando llamas desde allí hay que marcar 0 en vez de + 44. Y dije: «A tomar por culo, me busco cualquier alternativa».

**CONCHI** El día que llegué a Canadá mi marido me recogió en el aeropuerto, en Montreal. Y de Montreal a Toronto, ocho horas en coche conduciendo. Fue ahí cuando me dijo que en casa había otra señora y que quería vivir con las dos. Decía que en aquel país estaba permitido. Los niños iban atrás, menos mal que iban dormidos. Tenían año y medio y dos años y medio, eran muy pequeñitos. Me había ido hasta allí yo sola, un 23 de diciembre, con las maletas, los niños y una gabardina amarilla que tenía forrada de escocés. Y dos trenzas así largas.

**ERNESTO** Llegamos a Canadá con una idea distinta de lo que luego fue todo. Como yo era canadiense y mi hermano estaba allí, pensamos que las cosas iban a ser más fáciles. Íbamos con una idea muy potente. Mi hermano me decía que trabajo había, y que incluso algunas empresas tenían que cerrar porque no conseguían gente que quisiese trabajar. «Soy canadiense y soy ciudadano», pensaba. Creíamos que no tendríamos que tirar mucho de los ahorros, y que aunque lo hiciésemos nos llegaba para un año. Pero para nada fue así. Me había ido de Canadá con tres años, nunca había vivido allí, no había trabajado, no tenía cuenta bancaria, nada. Yo, a todos los efectos, no existía en Canadá. Nada más llegar ni siquiera tenía derecho a la seguridad social.

**BERNI** Iba ilusionado, aunque estaba preparado para todo. Bueno, quizás todo, todo... Tienes un umbral. El día antes de marchar recibí una llamada de un *headhunter* desde

Londres. Y me ilusionó, fue un: «Vamos a por ello, ya verás cómo voy a aterrizar con trabajo». Me ilusionaba contactar con proveedores ingleses que tuvimos, trabajar en el sector del juguete, con la posibilidad de viajar, seguir asistiendo a la Feria del Juguete en Núremberg... Al día siguiente de aterrizar me llamaron y no salió. Era para un puesto en el que no encajaba, para estudios financieros o algo así... ¿Aterrizar? Pues aterricé de pie. Había mantenido el contacto con amigos del colegio, el instituto y la universidad, que me ayudaron al llegar... Es decir, que tenía un colchón…, pero no un colchón de verdad, que no te lo deja meter Ryanair en el avión.

**JORGE** Teníamos dos opciones: o ir a un hotel, lo que nos iba a suponer una pasta, o intentar quedarnos en casa de alguien. Y aquí apareció… ¡Elbio! Elbio es de estas cosas que… Yo no soy muy *hippie*, no creo mucho en el karma ni en ese tipo de historias, pero de repente te encuentras con gente buena. Llegamos a él a través de una amiga de un colega. Este colega me dijo: «Tengo una amiga que tiene una casa en Montevideo», le preguntamos y nos dijo que la casa estaba alquilada, pero que conocía a un tipo que nos podía ayudar. Es un señor de cincuenta y muchos años, es profesor de teatro, es gay, tiene un hijo, descubrió su verdadera opción sexual tarde, salió del armario y se divorció. Al tipo le gusta acoger a gente en casa. En un momento dado yo le escribí: «Oye, Elbio, mira, no conocerás a alguien que alquile…». Y el tipo supermajete: «No, no, *gurises*, quédense en mi casa, lo que necesiten, vente». Al principio nos miramos y dijimos: «A saber quién es este tipo, buscamos otra opción». Pero al final nos pillamos los dedos y cuando vimos que la opción era ir a un hotel y gastarnos una pasta que queríamos conservar, pensamos: «Bueno, por lo menos nos quedamos la primera noche».

**CONCHI** Cuando mi marido me dijo que quería vivir con las dos, mi primera reacción fue llorar. Llorar y sacudirle. No sé cómo no nos estrellamos. En pleno diciembre, todo nevado. Cuando llegamos a Toronto la mujer estaba allí esperándonos, parecía una madre superiora. Tenía preparada una tarta, una tarta que hacen con *jeryl*, el *jelly* [gelatina] ese de lima. Y según me la dio... Yo no hablaba nada de inglés y ella nada de español, cogí la tarta y se la estampé en la cara. Le caía el *jelly* por todos lados.

**PETER** Había llegado a Gatwick y si no recuerdo mal había un tren directo a Victoria Station que costaba veinte libras, una pasta para mí, la verdad. Menos mal que mi madre me había dejado como sesenta euros. Me dijo: «Llévate esto, que seguramente te pase algo y no llevas ningún suelto».

**MARÍA P.** Íbamos ocho españoles, la empresa nos puso un *bed & breakfast* para la primera semana. Al día siguiente quedé con una chica y fuimos a hacer unos papeles. El día 2 fuimos a la oficina, había un *welcome day*, nos explicaron lo que teníamos que hacer, dónde podíamos buscar piso... Esa era la siguiente aventura: encontrar piso en Colonia es diez veces más difícil que encontrar trabajo. Es horrible, además son carísimos, es espectacular.

**LAURA** Vine con el alojamiento mirado porque yo no podía pagarme un alquiler en París. Mínimo mil euros no te los quita nadie. En la casa se te pueden ir seiscientos euros si encuentras algo barato; súmale el transporte, unos setenta euros al mes; los gastos de la compra, que es bastante más cara que allí… Lo que busqué fue un «alojamiento a cambio de trabajo», que es un sistema que hay en Francia, aunque no está muy regulado. Es vivir con alguien, por ejemplo una persona mayor, y a cambio de estar en casa y hacerle compañía o hacer ciertas tareas tienes alojamiento gratis.

**BERNI** Nada más llegar tuve la grandísima suerte de quedarme en casa de un amigo italiano, bróker en la City, que tenía un dúplex en Piccadilly: desde la ventana veía el angelito de la plaza, mejor imposible. No tuve que gastar un duro en alojamiento, aunque también es verdad que entonces la libra estaba carísima, y yo no sé qué hacía con el dinero… porque no salía de casa, tan solo me iba a una cafetería en la que había wifi, me enchufaba, me tomaba un café por la mañana y ahí me pasaba todo el día mandando currículos.

**ERNESTO** Al principio yo tenía que esponsorizar a Soraya durante dos años. Tienes que demostrar que te vas a hacer cargo de esa persona hasta que consiga la residencia permanente, es decir, que no va a pedir ayudas sociales nada más llegar. El patrocinador, *sponsor*, mecenas, avalador o como se llame eso se compromete a correr con todos sus gastos hasta que tenga los papeles en regla. Yo tenía que hacerme cargo de ella.

**SORAYA** No sé si me voy a arrepentir de decir esto, pero lo peor fue cuando vimos que era difícil encontrar trabajo en Canadá y Ernesto ni era canadiense ni era recién llegado y entonces él… se vino abajo. Eso fue lo más duro porque yo le dije: «A ver, no tengo ni permiso de trabajo ni nada, yo me encargo de las niñas y tú buscas trabajo y salimos adelante». Pero él se vino abajo y yo no sabía cómo animarle porque yo también necesitaba a alguien que me animase. Yo necesitaba que él llegara y decirle: «¡Hoy las niñas han hecho caca cuatro veces!». Los dos necesitábamos a alguien a nuestro lado que estuviera animado, pero no podíamos. No podía llamar a mi madre así porque ella también necesitaba que yo estuviera animada. La que se lo comió fue mi cuñada, la pobre. Me desahogaba sobre todo con ella. La muchacha escucha muy bien.

**PILI** Creo que lo han pasado mal, pero no me lo han dicho. Para protegerme. Pero yo no soy tonta. Yo sé que no me han dicho cosas. Pero yo soy madre. Y a una madre no se le escapan fácilmente las cosas. Y yo sé que lo han pasado muy mal, tanto emocionalmente como económicamente.

**LEONOR** No nos arrepentimos en absoluto de nuestra decisión de volver a España, es irrevocable. El plan no ha cambiado, aunque él todavía no ha encontrado trabajo aquí, sigue en Luxemburgo y se hace duro. A veces mi hija me pregunta: «¿Dónde se ha ido papá?». Cuando nazca el bebé, si la situación sigue así, lo de la reunificación familiar va a ser complicado. Es que si para entonces Enrique no ha encontrado trabajo… ¡me muero! Tendría que usar mi baja de maternidad para irme a Luxemburgo, que yo lo siento un poco como «volver hacia atrás», y no me hace gracia. Pero será mejor eso que estar separados en un momento tan importante como el nacimiento de nuestro segundo hijo.

**ENRIQUE** Desde hace bastantes años tengo ansiedad al volar. No me siento muy bien. Además, en esta zona de Europa suele haber bastantes vientos, lluvias... Muchas veces me paso los días anteriores pensando en que tengo que coger un vuelo. Pero luego siempre lo cojo, sobre todo cuando se trata de Leonor. A pesar del miedo que me da y del coste económico, para mí viajar es la ilusión de la semana: ver a mi familia, estar con ella.

**JORGE** Pasamos de Buenos Aires a Montevideo en un barco, un buque bus. Llegamos ya de noche, el tipo nos había dejado su dirección y nos dijo: «Yo estaré trabajando, pero le pedís la llave al portero y tal». Elbio vive en un bloque de pisos en una zona bastante industrial, el sitio no era la alegría de la huerta. El edificio era muy años setenta, muy uruguayo, muy poco cuidado, con pasillos enormes. Llegamos allí, nos dan la llave, abrimos la puerta y suena un chirrido, y en ese momento piensas: «Estamos locos, ¿y si este tipo es un psicópata?». Encendemos la luz, el piso estaba bien, pero estás en la casa de alguien que no conoces… Había una nota de acogida muy muy linda: «Podéis quedaros en mi cuarto». Estábamos allí los dos en plan: «No nos dormimos hasta que llegue». Pero en cuanto llegó fue una especie de explosión de luz, abrazos, besos… Un tipo noble. Noble hasta el punto de que nos quedamos un mes acoplados en su casa. Pero no por un tema de *raterío*, sino porque de alguna forma te hacía sentir en casa. De hecho, tres años después es uno de nuestros más mejores grandes amigos para siempre jamás a pesar de la diferencia generacional.

**PETER** La chica llevaba ocho o nueve meses en Londres. Se había licenciado en Económicas o en algo de números. En ese tiempo estaba trabajando en el guardarropa de un local de eventos que se llama Olympia, un local grandísimo donde han llegado a hacer exposiciones ecuestres, un rollo superpijo. Por lo que sé, uno de sus sueños era vivir en Londres. Todo fue muy rápido porque ella me dio los atajos: «Tienes que ir aquí, sacarte el *insurance*[2], decir que vives en nuestra casa, sacarte lo del banco...». Yo pensaba que dominaba el inglés, pero en cuanto llegué aquí me dio un bajón que te cagas, pero al final todo salió bien.

**LAURA** Tuve la suerte de encontrar una familia con dos niñas casi adolescentes, la madre es músico y algunos días no está en casa porque trabaja en una orquesta en otra región de Francia. Al principio pensé que el anuncio podía ser de una mafia porque lo vendían todo tan bien que dije: «No puede ser, estos quieren secuestrarme o algo». Prácticamente no tengo que hacer nada: despertar a las niñas y desayunar con ellas, van solas al colegio y al instituto, preparar la comida, comprar alguna cosa, ayudarles con los deberes y estar con ellas algunas noches. Es como si fuera una más, no me ponen muchos límites.

**BERNI** Estuve cerca de un mes buscando piso y al final acabamos pagando ochocientas libras (unos mil cien euros) por una habitación de cuatro metros cuadrados en una casa con seis personas más. Estábamos en muy buena zona y por eso la elegí. Se llama Putney Bridge, está a doscientos metros del Támesis, llena de parques, muy bien comunicada... Además, no dependía del transporte público: me compré una bici que

2. *National Insurance Number* o número de la seguridad social.

amorticé enseguida porque el transporte público aquí es carísimo. ¿Qué haces? ¿Te vas al extrarradio que te sale el alquiler más barato y lo que te ahorras te lo dejas en el transporte? ¿O te achuchas un poco más, vives en un piso más pequeño, pero más cerca del trabajo y si puedes vas andando o en bici?

Solo estuvimos cuatro meses, la agencia que lo gestionaba nos estaba timando, se quedaron parte de mi fianza, nos trataron fatal... Compartíamos piso —esto no lo sabe ni mi madre— con un heroinómano. Pagaba el alquiler de vez en cuando, pero poníamos un bote para pagar a la limpiadora y se quedaba con el dinero. Un día apareció semidesnudo, con un destornillador en la mano, con la mirada perdida... Eva me dijo: «Vámonos de aquí». Tras cuatro meses, vuelta a buscar piso.

**CONCHI** Mi marido me enseñó la casa y dejamos a los niños durmiendo en una habitación. «Esta es la tuya», me dijo. Y había una cama pequeña. Y dije: «Ahí no cabemos los dos». Y me dijo: «No, es que nosotros dos compartimos dormitorio». La inglesa[3] y él. Y se fue a dormir con ella, que decía que estaba muy cansado de conducir tanto. Me dejó ahí... Recuerdo que me caí encima de las maletas, llorando, sin quitarme la gabardina amarilla de El Corte Inglés. Y así amanecí, dormida encima de las maletas. Entonces él entró y me dijo: «Levántate». Nos cambió las habitaciones, pero él seguía con ella. Me dejó la grande para mí y los niños.

**SORAYA** Creo que cuando yo he llorado él se ha aguantado y lo ha soltado por otro lado. Creo que me ha dejado llorar.

**3.** Efectivamente era inglesa, no canadiense.

No recuerdo ningún momento en el que hayamos estado los dos llorando. Al fin y al cabo alguien tenía que no llorar para cuidar a las niñas. En algún momento yo sí le he escuchado llorar y he dicho: «Vale, ¿ya has terminado? Ahora te voy a meter caña. Lo que necesitamos es esto, esto y esto». Hubo un antes y un después cuando todavía estábamos en casa de mi cuñado. Un día se puso a llorar mucho y me dijo que se sentía un estafador porque nos había traído a Canadá pensando que las cosas iban a ir bien y no estaban yendo bien. Y ahí él estaba muy muy triste. Y le dije: «Ahora que ya te has desahogado, lo que necesitamos es que te pongas la pilas». Levantó la cabeza y dijo: «Tienes razón». Y a partir de ahí fue una máquina.

**CONCHI** A la mañana siguiente era Nochebuena. Me dijeron que yo preparara la cena. Me acuerdo que hice un pollo al ajillo. Y nos sentamos a la mesa los tres, los niños estaban durmiendo. Yo siempre he cantado mucho, siempre me ha gustado, y cuando acabamos la cena él me dijo: «Canta». Y empezó a darme, que venga, que cantes, que venga. Y ella: ja, ja, ja, ja, ja. Y tuve que cantar mientras lloraba. No se me olvidará nunca la canción que canté, una de Joan Manuel Serrat: «Le llamaban Manuel, nació en España…». Esa es la que me salió.

**LEONOR** Para algunas cosas no soy nada fuerte, y menos si estoy separada de mi marido. Tengo mucho trabajo y estoy supercontenta, pero construir una vida nueva requiere tiempo y yo ahora mismo no lo tengo. Cuando llego a casa después de las clases me encantaría tener fuerzas para ir al parque con mis amigas, que tienen hijas, pero no puedo. Echo de menos que esté Enrique porque el esfuerzo se minimiza. Cuando viene de visita los fines de semana hago muchas más cosas, retomo mis aficiones... Todo parece más fácil. Y claro, le echo mucho de menos cuando voy a ver las ecografías.

**ENRIQUE** Mi hija Cristina me ha visto ir y venir constantemente. Le decía que tenía que trabajar. Pensaría: «Eso de estar trabajando tiene que ser algo malo», porque lo tiene asociado a la ausencia. Es muy difícil explicárselo a una niña tan pequeña porque todo es muy abstracto a su edad... o muy literal. El tema del teléfono y del Skype no funciona, supongo que les pasa a todos los niños. Al principio intentaba mantener una relación más constante, pero enseguida le pasaba el teléfono a su madre. Se cansaba, no lo entiende. O la pantalla: ve a su padre, pero le atrae un momento y luego pierde la atención. No es lo mismo que poder abrazarla, darle un beso, correr detrás de ella...

**BERNI** Conseguimos una habitación muy barata al norte de Londres. Nos llevábamos muy bien con la gente, pero estaba muy lejos del trabajo. Era una zona que a mí me gustaba, estaba lleno de inmigrantes, para mí era el Londres de verdad: mezcla de gente de Europa del Este, indios, jamaicanos... Eva decía: «Esta zona no me gusta, está llena de arañas...», y es verdad, había una epidemia de arañas que no veas, en casa y en la calle, ¡millones! Un día el gerente de la tienda en la que trabajaba me dice: «Bernardo, ¿tú no estabas buscando piso? Porque tengo unos amigos que tienen un pisito en Putney Bridge». En cuanto me dio el teléfono, llamé. Ese mismo día fui a verlo y me encantó. Eva me decía: «Es supercaro, no podemos». Era lo mejor que había visto hasta ahora. La pareja de propietarios son unos abuelitos que viven en la planta de abajo. Pagamos dos mil cien libras al mes entre tres, nosotros y otra chica. Una pasada. Es una barbaridad, por este dinero en Santander... ¡tendrías el Palacio de la Magdalena casi! Y en Madrid tendrías un pisazo.

**CHRISTOPH** Cuando María está en España sientes que está más en su hogar, más cómoda con sus amigos, riendo todo el rato. En Alemania es un poco menos... Es difícil explicarlo en inglés[4]... En España se conocen, se quieren, confían en ellos 100 %, cualquier cosa que haga nunca va a estar mal. Aquí está más preocupada por si dice o hace algo que pueda incomodar a alguien. Lo del contacto corporal, por ejemplo. En la cultura española es muy habitual, pero en Alemania no somos tan abiertos. «Este es mi espacio, ese es el tuyo. No vengas aquí a tocarme a menos que quieras algo más que charlar».

**MARÍA P.** En España somos muy sobones, nos tocamos cuando hablamos, y yo por lo menos no me daba cuenta. Te pones la mano en el hombro, le das dos besos a alguien que te acaban de presentar... ¡No se te ocurra hacerlo en Alemania! Aquí tocar a alguien que no es tu «amigo amigo» significa otras cosas: que te gusta, que quieres tener relaciones con él. En el trabajo tuve problemas por esto. Christoph me quiso explicar, de una forma que no me sintiese ofendida, que no podía ir por la oficina tocando a la gente. Y le dije: «Pero qué me estás contando, yo soy así, no voy a cambiar porque a vosotros os apetezca».

**4.** La entrevista con Christoph es en inglés. Apenas habla español («dos cervezas, por favor»). Entre ellos hablan en alemán.

Ahora lo veo con perspectiva y sé que es su cultura. Que yo tocase a un compañero en el hombro no es que le hiciera sentir mal, ¡es que le daba a entender que quería acostarme con él! Hasta que me entró en la cabeza, tardé.

**ERNESTO** Yo tuve un choque cultural inverso. Para entenderlo mejor explico cómo funcionan las cosas en Canadá. Tú llegas a un sitio y todo es: «Hi, how are you?», «Fine, how are you?», «Perfect, thank you». Y entonces ya empiezas. A veces no sabes dónde termina todo ese lío de saludar y preguntar y responder. Yo ya estaba acostumbrado a todo eso y un día tuve que ir al consulado español por un tema de papeles. Hay como dos o tres ventanillas, en la de al lado había una señora española, de unos sesenta años, con ocho carpetas bajo el brazo, que dice: «A ver, tú, dile a Paquita que salga». Eso fue lo primero que dijo. Ni buenos días, ni este es mi número… Nada. «Dile a Paquita que salga». Entonces la señora de recepción le dijo: «Paquita está muy ocupada y no tiene tiempo *pa' ti*». Y dije: «Hostia, que estoy en España». Me resultó superagresivo. «Que te he dicho que llames a Paquita, hostia», le contesta la mujer. «Que no está». «Que sí está, hostia, que siempre me hacéis lo mismo». «Bueno, pues voy a ver si está». Total, que la del consulado se va y la señora se queda esperando, la miro de refilón y me mira y oigo que dice para sí misma: «Estos gilipollas están siempre con lo mismo». Sale la tal Paquita y le dice: «Qué, Carmen, ¿ya viene aquí otra vez a tocarnos las narices?». Y dice: «No te jode, pues claro. Total, os escribo y no me contestáis, pues tendré que venir aquí a molestaros». Y ahí pensé: «Lo voy a pasar muy mal cuando vaya a España porque yo ya no estoy acostumbrado a esto».

**PETER** Cuando vine en verano iba a ser mi cumpleaños y seguía lloviendo en este país, era lo más horrible que había visto en mi vida. Luego el agobio del transporte, que aquí es carísimo de cojones. Estás viviendo una realidad que es parecida a lo que tienes en España, pero con los precios superinflados. También tienes que acostumbrarte a una vida adulta, a que no puedes quedar todos los días con quien quieres. Fue una sensación de soledad al principio. Esa tristeza que te da, y no sabes hablar bien inglés, no sabes cómo explicarte... ¿sabes?

**CLEMENTE** Yo le digo que tenga fortaleza mental, que luche siempre y que no se deje vencer. «Peter, tú sí puedes, eres inteligente, eres fuerte. En Londres o en la China: si quieres trabajar, trabajas». Todo es cuestión de mentalidad. Yo estaba más preparado cuando llegué a España porque como era del Ejército tengo una mentalidad más fuerte, de sacrificio. Yo siempre he dicho que nada me va a derrotar, ni una crisis. Y sigo aquí, al pie del cañón.

**CONCHI** Un día salí a la calle, necesitaba hablar con alguien. En la puerta de al lado había una viejecita, y me debió de ver una cara... Yo llevaba un diccionario pequeño y señalé «teléfono», y me dio un teléfono y unas páginas amarillas. Empecé a buscar cualquier cosa que fuese «spanish». Los niños estaban solos en casa. Busqué hasta que encontré el consulado español. Llamé y cuando me hablaron en español yo empecé a llorar. Conté un poco lo que ocurría y vino el cónsul a ver qué pasaba, cargado de chocolatinas para los niños, no se me olvidará.

**JORGE** El factor decisivo para elegir destino fue el idioma, si María quería trabajar de periodista y yo de lo mío. El inglés que teníamos en ese momento tampoco era tan bueno como para trabajar, ¡y ahora tampoco, qué cojones! Por otra parte, pensamos que, afectivamente, América Latina era un poco como «volver a casa», y que iba a ser un poco menos traumático.

**LAURA** Cuando estoy todo el día hablando francés y de repente empiezo a hablar en español, lo hablo peor. A veces estoy diciendo cosas en español que se entienden, pero que no tienen mucho sentido porque las estoy traduciendo literalmente del francés. El otro día estaba hablando con alguien y para decir: «Ah, sí, eso me suena», dije: «Ah, sí, eso me dice algo». La otra persona se me quedó mirando, porque también habla francés, y me dijo: «Estás traduciendo un poco… así».

**CONCHI** «Mi marido dice que aquí se puede vivir con dos mujeres», le dije al cónsul. Y me contestó: «Que no, que te están engañando». Me mandó a unos jesuitas españoles para ver si podían arreglar las cosas por las buenas. Vinieron, hablaron conmigo, hablaron con él y cuando se fueron me dio una paliza. Los jesuitas volvieron y le dijeron que yo no tenía que seguir así. Él me dijo: «O te vas a España o te hago la vida imposible». Yo no quería volverme porque pensaba que si lo hacía, ya le perdía. Los jesuitas eran de estos progres que iban con vaqueros, con guitarra, y me decían: «Si te vas a España lo vas a pasar muy mal. Vas a ser la pobrecita, abandonada, con un niño de cada mano. Y si un día te vas con una amiga al cine, ya eres una puta. Si te quedas aquí, podrás estudiar con una beca y vas a espabilar. Será difícil, pero saldrás adelante».

**ERNESTO** Mi madre consiguió salir adelante tras muchas dificultades. Se sacó un título y comenzó a trabajar para la Administración canadiense. Aquellos jesuitas le presentaron a varios amigos españoles. Años más tarde, uno de esos amigos iba corriendo por las calles nevadas de Toronto buscando una tienda de juguetes. Era mi padre, el segundo marido de mi madre, que quería comprar un peluche porque yo acababa de nacer.

# RECURSOS HUMANOS

Es escalofriante que 2 372 personas
se queden sin trabajo cada día.
— María Dolores de Cospedal, secretaria General del PP
*Noviembre de 2011*

**MARÍA P.** En las tiendas de ropa hay una cosa que se llama *mystery shopper* o el comprador fantasma. No lo manda la tienda, sino la empresa, y recibíamos uno cada mes. Me acuerdo de que empecé en noviembre y nos llegó en diciembre. Ellos no saben el nombre de la dependienta pero sí la describen y yo era la única morena con ojos azules. El resultado fue desastroso. Comparan todos los Calvin Klein de Londres y éramos penosos. Fue horrible, no había hecho nada de lo que había que hacer... Cuando nos pusimos a ver la fecha resulta que era mi segundo día. Todavía no había recibido todo el entrenamiento. Al principio me escondía detrás de las columnas para que no me vieran los clientes porque no era capaz de defenderme. Tenía que explicar los diferentes materiales de los calzoncillos... Me ponía a leer los paquetes para aprenderme los materiales.

**ERNESTO** El primer trabajo, que ni siquiera lo considero tal porque el sueldo era de risa, fue de repartidor de periódicos.

Como los niños de la gorra en las pelis, pues igual. Me llegaba un paquete a casa con unos cien periódicos y publicidad. Tenía que insertar la publicidad y los suplementos en cada periódico, ponerles una gomita, meterlos en bolsas y repartirlos por todo el barrio. El periódico era el *¿New Brampton? ¿Daily Brampton?* Pagaban tres céntimos por cada uno. Sacaba en total setenta dólares al mes más o menos. Sabíamos que eso no iba a ningún lado, pero lo consideramos una pequeña victoria. Como: «Eh, mi primer trabajo en Canadá». Coincidió con que fue un invierno durísimo, hubo tormenta de nieve, así que estuve repartiendo periódicos a menos cuarenta y un grados.

**JORGE** Al tercer día vimos un llamado, que es una especie de oferta de trabajo del Estado. Era del Ministerio de Agricultura para un puesto de coordinadora de comunicación. Uruguay es un país raro porque el Estado tiene un peso enorme. María montó el currículum. «¿Dónde está esto?», en tal sitio, en el culo del mundo. Agarramos un ómnibus y cuando llegamos había una cola enorme de uruguayos para entregar los papeles. A mí me dio como una vergüenza enorme. Imagínate que en España el Ministerio de Cultura saca una convocatoria y viene un ecuatoriano que acaba de llegar, lo echan a patadas. Me salí de la fila de la vergüenza que me dio.

**MARÍA A.** A mí me daba más vergüenza que a él porque era yo la que se postulaba para la plaza. Yo decía: «¿Pero dónde voy? Estos van a pensar que me estoy riendo de ellos». Me presentaba a todo lo que veía, obviamente. Tenías que adjuntar una carpeta con cosas que habías escrito, yo iba con un taco de folios, tampoco muchos, y la gente iba con unas carpetas así [hace un gesto con los dedos]. Al final me seleccionaron para la entrevista. Luego no me eligieron, pero se postularon como ciento y pico personas y nos entrevistaron a nueve.

**CLEMENTE** Llegué con veintiocho años, en la época boyante de España, y bueno, también ha habido mucho sacrificio de por medio. Al principio empecé como ayudante de albañil. No me querían contratar porque no tenía papeles. Después de un año me metí en una empresa de limpieza y aprendí las experiencias del tema de la limpieza, las máquinas, etcétera. Llegó un momento en que decidí ser autónomo. Venía con la mentalidad de comerme el mundo, de conquistar... de tener estabilidad, una casa, de estar mejor que en Perú.

**MARÍA A.** La sensación es rara porque sabes que ese «valor» de ser europeo, de ser español... No sé si fascinar es una palabra demasiado exagerada, pero sí les produce curiosidad. No acaban de entender cómo un europeo o un español, que pese a la crisis está mejor que ellos, o ellos creen que está mejor, elige Uruguay conscientemente. Les impresiona, les choca mucho. Pero no tengo la sensación de «quitar el trabajo» a nadie.

**BERNI** En algún momento cambié mi nombre en LinkedIn, de Bernardo a Ben, pensando en los prejuicios que pudiese tener la gente de Recursos Humanos de las empresas inglesas. «Voy a quitarme el Bernardo y voy a poner el Ben», que por cierto es como se llamaba mi padre. No sé si resultó o no.

**LAURA** Cuando buscaba trabajo de camarera en Madrid quitaba cosas del currículum, dejaba lo básico. Ponía: «Estudios: Licenciatura en Historia». Y me planteaba: «Bueno, si no tiene mucho futuro lo quito y dejo los estudios de bachillerato». No llegué a ese punto, pero simplificaba mucho. No ponía ninguna de las becas que he tenido, pero sí todos los trabajos precarios que había hecho. Hasta lo más mínimo: «He ayudado en la tienda de ropa de mi tía», pues también, pero lo demás, lo académico, lo quitaba.

**MARÍA DE LOS ÁNGELES** A la edad de Laura ya teníamos los dos un trabajo. Yo tenía uno fijo, soy funcionaria, y él tenía una empresa que funcionaba bien. Habíamos alquilado una casa con derecho a compra que luego compramos, teníamos un proyecto de vida. Nos casamos y decidimos tener familia. Ya teníamos unas bases sobre las que partir.

**CARLOS** Metas prácticamente conseguidas a su edad. Y ella, fíjate, no tiene perspectivas de nada.

**SORAYA** Como mis papeles estaban tardando tanto ni siquiera tenía permiso de trabajo, y estar en casa con las niñas sin poder trabajar no era mi plan. Cuando tienes gemelas encima todo se complica aún más, ¡siempre hay alguien que está llorando! La guardería la tienes que multiplicar por dos, y lo entiendo, no te van a hacer un dos por uno. Pensaba tener un trabajo estable, tener una casa y pintar una habitación para las niñas estando embarazada... Esa era mi idea de hacer nido. Y no fue así. Me vi viviendo en tres continentes en ese periodo y sin ninguna habitación que pintar. La tuve más tarde, cuando las niñas ya casi hablaban.

**PETER** La segunda semana ya había empezado a echar currículums por la calle, pero era complicadísimo. Decía: «Joder, no sé cómo cojones voy a conseguir trabajo aquí si no entiendo ni papa». Donde yo tenía más experiencia era de camarero, y era lo que se suponía que era más fácil de conseguir. Me iba un día a un sitio, me tiraba cinco horas pateando. «Oye, ¿puedo dejar el currículum?». «Sí, venga», me decían. O: «No, tienes que aplicar *online*». Un día pasé por el centro y dejé el currículum en un restaurante que estaba bastante *busy*. Me llamaron en dos semanas, me hicieron la entrevista, hice una prueba y empecé a trabajar como camarero.

**CINTIA** En verano de 2006 tiré el currículum en el McDonald's y me llamaron en noviembre. A los exámenes de diciembre ya no llegué. O sea, no daba más. Me pusieron muchas horas. Como encima era nueva me pusieron a trabajar entre semana, que es cuando yo tenía clases. Me descontrolé. Hoy por hoy agradezco haber empezado en el McDonald's porque a pesar de la crisis he tenido trabajo: eran cuatrocientos euros al mes, en Navidades como mucho seiscientos, me daba para mis gastos… Pero por otra parte me fue mal en los estudios, no me centré y no hice lo que quise, que era estudiar Medicina o Enfermería.

**MARÍA P.** Antes de trabajar en Calvin Klein me cogieron en Zara para trabajar de cajera. No es tan estresante como ser dependienta, que acaba la jornada y tienes que quedarte dos horas a recoger la leonera. Era un trabajo a media jornada y el sueldo eran mil libras, se gana muchísimo por comisiones. A la semana me fui al otro sitio. ¿El motivo? La gente. En Zara el 90 % de mis compañeros eran españoles y era algo de lo que estaba huyendo. Con el tiempo, le pregunté al chico que me hizo la entrevista en Calvin Klein: «¿Por qué me cogisteis si no hablaba bien inglés?». Me dijo que tenía buena apariencia y que como era ingeniera pensó que era una chica inteligente y que aprendería rápido.

**BERNI** Desde que aterricé hasta que empecé a trabajar pasaron tres meses. Tuve varias entrevistas, una fue con una empresa del sector juguetero a la que yo admiraba mucho. Hice la entrevista con el dueño de la empresa y su mujer, que era la directora de Recursos Humanos. Creo que lo hice bien hasta que ella me empezó a hundir en el asiento. Decía cosas en plan: «Bueno, tienes que entender que esto no es una empresa familiar, que no están papá y mamá para ayudarnos, que hay que valer por uno mismo...». Siguió con preguntas muy desagradables y yo no estaba preparado, no era capaz de responder de manera… sensata. Visto ahora, creo que estaban jugando al poli bueno, poli malo, y yo no supe contestar bien. Me dijeron: «Si pasas a la segunda ronda, te llamaremos».

**ERNESTO** Eran tantos periódicos que no podía llevarlos todos en la mano, y tener que estar yendo y viniendo a casa era un rollo. Muchas veces lo que hacía era que cogía el carrito de las niñas, que era doble, quitaba el soporte donde iban ellas y era una carretilla grande. Metía todas las bolsas y hale, a repartir. Hubo algunos momentos divertidos. Por ejemplo, me tocó hacer eso durante la noche de Halloween, así que veía a todos los vampiros, a todas las momias, a todas las niñas de princesas góticas y yo repartiendo periódicos. Cuando lo dejé recuerdo que mi sobrina, que tenía entonces once años, quería hacerlo.

**LAURA** Conozco a gente que está de *au pair*. Está regulado, pero muchas están sin contrato. Lo mío es un «alojamiento a cambio de un servicio», se llama así, y muy raro no debe de ser porque lo encontré en páginas de universidades de París. Estuve varios meses buscando hasta que encontré a esta familia. Hay anuncios tipo: «Hombre soltero busca compartir piso con una chica joven y guapa que haga algunas tareas de la casa y lo que se tercie». No todos, pero quitando algunos así otros pedían prácticamente una chacha gratis. Los más normales eran para cuidar niños o para estar con gente mayor.

**PETER** La empresa era un poco trapichera, el restaurante se llamaba *Zee Cafe*, ya lo han cerrado. Pagaban 6,25 libras[1] la hora, el mínimo establecido para ese año. El sueldo eran novecientas sesenta libras si trabajabas ocho horas. Esa empresa tenía otro café más pequeño y a veces me tocaba doblar turno para cerrar el otro sitio. Cuando trabajaba más de doce horas podía llegar a mil libras . Yo decía: «Hostia, tengo mil libras, qué ilusión, de puta madre».

**MARÍA P.** Estaba muy contenta, pero aun así no podía vivir de mi trabajo, seguía recibiendo dinero de mis padres. El alquiler eran quinientas libras. Vivía lejos, muy lejos, tenía que ir en metro, y eso ya eran como ciento cuarenta libras al mes, el supermercado, la academia de inglés… Si quería hacer algo más que no fuera sobrevivir no me llegaba, pero por suerte mis padres podían darme dinero. Ellos querían que aprendiera inglés, pero que si un día me iba a tomar unas cervezas o a salir de fiesta pudiera hacerlo y luego no dejase de comer.

1. La cotización varía, pero podemos tomar como referencia una libra igual a 1,30 €.

**BERNI** En Inglaterra yo apuntaba alto, pero claro, no soy ingeniero nuclear y te acabas chocando con la realidad de querer comer tres veces al día. Eva me decía: «A ver, Bernardo, tienes que empezar de alguna manera, y eso te va a hacer sentir que vales, te va a subir la autoestima...». Y es lo que pasó. Mientras seguía mandando currículos a los puestos que yo deseaba, empecé a trabajar en la tienda en la que estoy ahora, The Conran Shop. ¿Por qué aquí y no en el Starbucks de la esquina? Pues porque era un negocio que mi familia había admirado profesionalmente, siempre que íbamos a Londres pasábamos por alguna de sus tiendas para inspirarnos. Entré en su página web, vi que tenían vacantes disponibles, mandé el currículum y al día siguiente me llamaron de la tienda de Chelsea. La entrevista me alucinó, el ayudante del gerente me sentó en un sofá y me dijo: «Cuéntame tu historia». Al poco me llamó para ofrecerme el puesto.

**CINTIA** Dios, estoy hablando y me acabo de dar cuenta de que en noviembre hará diez años que estoy en el McDonald's. Diez años ya. Recuerdo que cuando entré le pregunté a algunos de mis compañeros que cuánto tiempo llevaban, y me decían: «Ocho años». Y yo dije: «Buah, ocho años, no sé cómo podéis aguantar aquí tanto tiempo, yo esto lo tengo hasta que acabe de estudiar». Y al final me he convertido... en eso. En lo que dije que nunca quería ser. Pero bueno, al final me he sacado mi bachillerato, mis ciclos superiores y... saldré de aquí este año o el siguiente. Espero. Y si no, bueno, al menos es un sueldo.

**LAURA** El año pasado unos vecinos que tienen dos niñas pequeñas necesitaban una niñera y me preguntaron si estaba disponible. Empecé a trabajar con ellos y al final acabé cuidando a niños de unas cinco familias de la zona. Este año quería algunos ingresos un poco más fijos y eché el currículum en una agencia que buscaba extranjeros para cuidar niños en su lengua materna. Lo que gano me da para necesitar muy poco dinero de mis padres. El año pasado contábamos con que ellos me iban a tener que ayudar, pero conseguí gastar menos de lo que habíamos previsto. Este año no llego a pagármelo todo, pero casi.

**BERNI** Flipé en colores con el salario. Pensaba: «Un comercio de lujo de este nivelazo, en la cresta de la ola del mundo creativo... ¡y pagan esto!». Starbucks paga más. McDonald's paga más. Lidl paga más. Le dije francamente: «La verdad es que el salario es un poco bajo». Y me dice: «¿Qué tenías en mente? ¿Ocho por hora?». «Sí, más o menos». Eran 7,35 por hora, el mínimo legal. Ahora ha subido un poco. Está lo que se llama el *London living wage:* no es oficial, pero se dice que es el salario mínimo que se debería pagar para tener una vida digna en Londres, y está en diez libras la hora. Pero dije: «Bueno, por algo hay que empezar». Y así empecé. Como la chica del avión y como tantísimos españoles y europeos en Londres: limpiando baldas y reponiendo.

**ERNESTO** Después estuve en una fábrica de salchichas. Digo salchichas, pero también hacíamos hamburguesas, las albóndigas del IKEA, alitas de pollo… Cada día te tocaba un trabajo. El más aburrido era empaquetar. El más divertido, pero también el más agotador, era hacer la masa. Tenía que estar horas empujando carretillas con cuatrocientos kilos de carne picada de un lado a otro de la fábrica. Tenía que meterla en una mezcladora donde se echaban especias, conservantes y todo lo demás. Esa mezcla la llevaba a otra máquina donde convertían la carne en salchichas y de ahí se iban a la empaquetadora.

**CONCHI** Cuando empezó a trabajar en lo de la carne no me gustaba. Pensaba: «Qué pena», pero es que forma parte de la migración, tienes que empezar por lo más bajo. Yo no sé en otros países, pero en Canadá es así. No puedes llegar y decir: «Aquí estoy yo». Luego ves que en España mucha gente tiene trabajo por enchufe y me parecía deprimente ver a Ernesto así. Hay que tragar mucho.

**SORAYA** Le veía venir físicamente cansado. Llevamos muchos años juntos y nunca le había visto así. Se iba en el autobús hiciera el frío que hiciera. Nuestros trabajos siempre han sido dar clase, escribir. Y verle llegar con las botas estas... con un trabajo más parecido al que tenía mi padre...

**ERNESTO** Al principio, como el trabajo era tan mecánico, solo pensaba: «Madre mía, si lo sé no me paso tantos años estudiando y pagando todas las tasas».

**LEONOR** Yo era muy inocente. Mi familia me decía: «De la literatura o la filosofía no vas a comer», pero yo pensaba: «Trabajaré en el aeropuerto, pero seré muy feliz porque habré leído a Aristóteles». Es importante el hecho de que yo nunca haya tenido que trabajar para estudiar, mi familia siempre me ha apoyado económicamente.

**BERNI** Es cierto que yo estudié lo que quería, sin la presión de mis padres y sin pensar en qué iba a hacer con Filosofía, quizá también porque el colchón del negocio familiar siempre estaba ahí. «Si no me sale nada, pues eso está ahí». Al final no he aplicado nada de lo que estudié, pero me ayudó a llevar con filosofía el cierre de la tienda.

**PETER** En pocos meses me hicieron demasiado responsable de todo el bar. Tenía mánagers que no hacían nada y tenía que hacerlo yo todo. Tanta carga de trabajo, tanto estrés… No estaba acostumbrado a eso, tenía la misma sensación que cuando mis padres venían a casa cabreados. Una noche no sé qué pasó en el bar, un problema entre dos compañeros, y dije: «A la mierda». Me fui y a mitad de camino empecé a llorar. Era un estrés que yo nunca había vivido. Hacía mucho que no lloraba así. Llamé a mi madre, le conté lo que estaba pasando, y me dijo lo típico: «No tienes que estar ahí, si quieres volverte a España tienes la posibilidad. No vas a ser menos por que no hayas conseguido hacer algo en Londres». Me empecé a tranquilizar y le dije: «Todavía tengo que experimentar cosas aquí, esto ha sido un bache y mejorará con el tiempo». Al día siguiente cogí y le dije a mi jefe: «Mira, que me voy».

**MARÍA P.** Me hubiera gustado quedarme en León toda mi vida, pero ¿qué hago allí? Solo hubiera podido trabajar en el sector servicios. No quería volver a irme, pero me decidí a base de la puya de mi familia, de mi pareja en ese momento y porque lo que me ofrecían en Alemania era cinco veces lo que me ofrecían en España: treinta mil brutos al año. Y no tenía experiencia. Cuando me dijeron: «El puesto es tuyo», a los dos días me llamaron de otros dos sitios en Madrid, que el puesto era mío, cobrando quinientos euros. Caía por su propio peso. Por un lado estaba el tema de mi abuelo, que lo había pasado muy mal, y todavía a día de hoy tiemblo cuando mis padres me llaman a horas que no son las normales. Pero por otro lado era irme a dos mil kilómetros y ser independiente. Me decían que la oportunidad era muy buena, que probase y si veía que estaba mal que me volviera. Que nos veríamos todos los meses, y eso lo hicimos: cada mes yo venía a España o venían ellos o mi pareja.

**LEONOR** El primer año fue duro. A los pocos meses ya estaba hablando de volver. Pensaba que con mi formación lo lógico era que encontrase trabajo. Yo nunca me planteé irme a Luxemburgo, jamás, como «apoyo la carrera de mi pareja dejando de lado la mía». A los pocos meses me salió una colaboración con una editorial y ya casi enseguida fui encontrando cosas. Pero yo necesitaba resultados inmediatos y al principio solo recibía cartas de «no, no, no», y yo estaba acostumbrada a «sí, sí, sí». Yo pensaba: «Bueno, no necesitamos el dinero, nos volvemos y ya está». Menos mal que la visión de mi chico era diferente. Ahora sé lo que cuesta una guardería, que hay que pagar facturas, y me doy cuenta de que tienes que apostar por lo que te gusta, pero también conseguir un trabajo.

**CLEMENTE** Estuve siete u ocho años en la empresa de limpieza. Mi mujer también trabajaba en hostelería. Entre los dos hacíamos mucho sacrificio. Luego nos separamos. Yo me quedé con Peter y con su hermana, Natalia. Me hice autónomo. Tenía tanto trabajo en mi empresa que hasta tenía personal. Llegué a amasar una clientela de catorce mil euros mensuales en su momento. Vivía muy tranquilo, pero vino la crisis y... ya no era tan boyante, pero he seguido luchando de la misma manera. Solo. Me levanto a las cinco de la mañana, voy solo a hacer mis cosas, y ahora tengo una cartera de clientes de unos seis mil euros. He logrado lo que he venido a hacer a España. Mis hijos han crecido bien, con una educación indispensable. Natalia está en la universidad, Peter estudió algo y al final quiso emigrar porque ya se sentía aburrido aquí y quería buscarse las habichuelas.

**ERNESTO** Yo lo de la empresa de salchichas bien, pero seguía buscando otros trabajos. A veces lo que hacía es que, si en el autobús de vuelta me pillaba algún centro comercial por el camino, me bajaba y me lo recorría para echar mi currículum en todas las tiendas que seguían abiertas. Aun así era complicado por el olor. En la empresa no había duchas. Y aunque ibas totalmente uniformado, con varios plásticos y demás, sentías que estabas sucio y te daba cosa ir a una tienda así en plan: «Hola, mira qué majo soy y me huele el pelo a morcilla». Bueno, a morcilla no porque allí no hay, pero nos entendemos.

**SORAYA** De pronto me sorprendí a mí misma diciendo: «¡Es que soy una maruja! Me paso el día en casa con las niñas, cuando viene mi marido me dan ganas de quejarme de lo duro que ha sido mi día, y como hace un frío que no se aguanta fuera, lo más interesante que he hecho ha sido ver a una vecina que me ha dicho cómo hacer una receta de su país, y ahora estoy aquí en la cocina investigando, que se me ha quemado la comida». Entonces dije: «Maruja total». Era una distorsión mía lo de verme así, y ahí Ernesto me ayudó muchísimo. Me dijo: «¿Qué significa la palabra maruja en tu cabeza?». Me sentía obligada a tener un trabajo para sentirme realizada, y a lo mejor no pasa nada por vivir una etapa, si quieres, cuidando de tus hijos. ¿Cuántas veces van a ser pequeños? A lo mejor si no hubiésemos pasado por esto no habría descubierto lo divertido que es ser madre.

**PILI** Se siente realizada como mujer madre, pero no como mujer trabajadora, y yo le digo: «Hija, disfruta de tus hijas, saca el jugo de esto, que un día se irán, como es natural, y te acordarás de todo esto». Cuando Soraya era pequeña yo trabajaba de operaria de taller en una fábrica de plásticos. Las máquinas no podían parar, así que hacíamos turnos mañana, tarde y noche. No había guarderías, así que dejaba a los niños con mi madre. Veo a Soraya y pienso que me habría gustado disfrutar de mis hijos así. Además, yo no estudié apenas y ella estudió muchísimo.

**SORAYA** Disfruté estudiando, pero lo hice con la idea de tener un trabajo. Y estaba con un hombre porque quería estar con él, no porque lo necesitara ni porque dependiera de él. Y de pronto me vi que dependía de Ernesto, que era él el que trabajaba y yo la que estaba en casa. No tenía tiempo para leer porque me quedaba dormida. Me quedaba dormida sin haber abierto el libro porque estaba agotada. El día que hacía un poco de calor y salía con las niñas era agarrar a una y la otra se iba corriendo; salías corriendo detrás de ella con la otra cogida como una pelota de rugby. Cuando empezaron a andar la gente me decía que a qué gimnasio iba.

**LEONOR** Los primeros meses en Luxemburgo viví muy mal lo de depender económicamente de Enrique, lo de ser «la mujer de». El tiempo me demostró su apoyo ciego. Él puso todos sus recursos y esa estabilidad a mi favor, para que yo solo tuviera que buscar trabajo de aquello que me gustaba y para lo que yo me había formado. Siempre he pensado que la vocación hay que defenderla, y que si estudias lo que quieres y te esfuerzas, el universo te recompensará. Con la crisis esa seguridad empezó a desvanecerse. Las cosas se empezaron a poner tan difíciles que esa visión del mundo más inocente se caía. Aquello que dotaba de sentido a mi vida, en lo que había creído, no iba a poder ser, no iba a poder trabajar en la universidad. Ahora vuelvo a creer que es posible.

**JORGE** María ahora está bien porque la ha contratado una agencia y cobra en dólares. Yo trabajo para el Ministerio de Cultura, tengo un contrato de treinta horas a la semana y cobro unos ochocientos cincuenta euros. Luego doy clases de Comunicación en una universidad privada. Aquí funciona mucho lo del multiempleo, entre unas cosas y otras a veces llegas a mil doscientos euroes al mes. Lo pienso y digo: «Hostias, yo cuando me fui en 2004 de becario cobraba mil quinientos pavos». No sé si mucho mejor que en España, pero viendo la devaluación brutal que ha habido, diría que estamos un poco mejor.

**MARÍA A.** Una amiga española me dijo: «En este periódico necesitan a una persona para la sección de Espectáculos, manda el currículum». Me hacen una entrevista y no quedo seleccionada, pero me dicen que les ha gustado mi perfil y me ofrecen trabajar en una revista de gastronomía. Nada que ver, pero… Ahí estoy casi dos años con un sueldo de unos quinientos euros por seis horas de trabajo al día. Algo muy relajado, de lunes a viernes, una revista muy peculiar, nadie te estaba controlando el horario. A través de gente que fui conociendo me enteré de que iban a lanzar Sputnik, una agencia de noticias rusa, y que iban a abrir una delegación en Montevideo. Me hicieron una entrevista y me contrataron.

**PETER** Me iba con el currículum en mano, me metía en un bar, me presentaba y me vendía a mí mismo: «Muy buenas, soy Peter. He estado trabajando en un bar, creo que tengo buenas cualidades para poder servir aquí y ser un buen camarero. Si me quieres dar una oportunidad, bien, y si no, nada». Así en cada bar. Un día llegué a la altura de Knightsbridge con el autobús y dije: «Me bajo aquí, a ver qué tal». Me fui en dirección a Harrods y en esa calle hay un montón de restaurantes superpijos. No sé cómo se me ocurrió pasar por ahí. Me metí a una cafetería megapija y dije: «Bueno, venga, vamos a intentarlo».

**CHRISTOPH** Que la gente venga a Alemania no es un problema, es bueno para el país. Tenemos una cultura que acoge a personas de todas las nacionalidades, la gente contribuye, no viene a «quitarle el empleo» a nadie. Lo que no me gusta, por ejemplo, es que las compañías ofrezcan trabajo a los españoles, o a gente de otros países, por unos salarios mucho más bajos que los que se pagan en Alemania. Lo que les ofrecen es mejor que lo que tendrían en sus países, pero está por debajo del nivel normal para un alemán…

**MARÍA P.** Una vez que estas allí, aquí, te das cuenta de que tu sueldo es fantástico comparado con lo que te ofrecen en

España, pero acorde a lo que hay aquí se están riendo en tu cara. Buscaban gente en España porque sabían que iba a ser más barata. En Alemania hay muchas agencias como Deloitte, que contratan a la gente y se la «venden» a otras empresas. Despedir a alguien en Alemania es muy difícil, así que las empresas te contratan a través de agencias y te pueden echar de un día para otro. O te pueden coger ellos si les interesas. Yo firmé un contrato indefinido con RLE y ellos te colocan en diferentes proyectos, tu sueldo no varía. LEAR, que es la empresa donde estuve yo, que hacía cables, va a RLE y le dice: «Necesito cinco ingenieros que sepan CATIA[2]». Cierran el contrato de un paquete y por cada uno de ellos le dan cien mil euros. ¡RLE se quedaba con setenta mil euros de beneficios! Yo de esto me enteré después, claro, cuando me lo contó Christoph…

**BERNI** En un año y medio me han ascendido tres veces. Empecé como dependiente, unos meses después me hicieron *senior*, luego ayudante de encargado de sección y ahora encargado de sección. Ahora mismo cobro veintiuna mil libras al año… Para el sector es bastante poco, pero con el ascenso espero que mejore. En Inglaterra, la atención al público está considerada como algo muy bajo: no quieren esos trabajos, el 80 % de mis compañeros son extranjeros. Pero en España no me habrían ascendido tres veces, y me han seguido llamando *headhunters*, saliendo ofertas… Rechacé una hace poco. El salario era un poco mejor y las perspectivas eran buenas, pero estoy muy contento donde estoy y aquí tengo futuro. Me lo han dicho varias veces los directores de la tienda.

**2.** *Computer Aided Three-dimensional Interactive Application*, *software* para el diseño de productos.

**LEONOR** En 2009 consigo un contrato como profesora de español en la Universidad de Lorena (Francia). Vivir en un país y trabajar en otro. El contrato de la universidad se acaba en 2010 y es un verdadero jarro de agua fría. Ahí soy consciente de que, aunque quiero, no puedo volver a España. Empiezan a llegarnos tajantes advertencias: «No volváis ni en broma». Toda mi familia: «Qué suerte tuvisteis», «os escapasteis de milagro», «menos mal, qué bien estáis allí, no os mováis». Encima acababa de cumplir treinta, que no son veintisiete, y se me junta todo. Aun así, oídos sordos.

**PETER** Estaban todos superpresentables. Dije: «Hola, buenas, estoy buscando trabajo». Me dijeron que en ese momento estaban buscando a un *kitchen porter* [friegaplatos] y con toda mi cara le dije: «Mira, te lo voy a decir sinceramente, a mí me vas a meter de *kitchen porter* y me vas a desperdiciar. Soy una persona que trabaja bien y verás que no te vas a decepcionar». Le dejé el currículum y me dijeron que ya me llamarían. A las dos semanas me llamaron.

**ERNESTO** Un día conocí a una chica que trabajaba en un *college*. Le conté mi historia, que tenía experiencia como profesor de español, y le pregunté si podía mandarle mi currículum. Me dijo que sí y así lo hice. Unos días después me llamó para decirme que en el departamento de admisión de estudiantes españoles y latinoamericanos necesitaban a alguien, que si me interesaba. Por supuesto dije que sí. Me quedaba a dos horas y media de casa, pero era meter un pie en una institución educativa. Poco después, la gerente de movilidad internacional se fue de baja por maternidad y me pidieron cubrir su puesto. Era un contrato de un año, con jornada completa y un salario decente. Se me acabó en noviembre de 2015 y entonces me ofrecieron el puesto de gerente. Después de repartir periódicos, de hacer salchichas y de un par de trabajos temporales más, aquí estoy.

**MARÍA P.** De los ocho que vinimos a Colonia era la única que no tenía experiencia laboral. Para mí podía ser la releche, y eso que pagaba un 34 % de impuestos, pero había también mánagers y todos cobrábamos treinta mil euros. Después de un año, LEAR me contrató. Te hacen una propuesta, te dicen «¿cuánto quieres?» y negocias por un sueldo real. Empecé a cobrar cincuenta y dos mil euros, casi como un alemán. Pero tenía un jefe un tanto especial que se enamoró de mí y se obsesionó. Después de un tiempo busqué trabajo y me fui al sitio en el que estoy ahora. Es una empresa italiana, su negocio mayoritario son las gomas de las neveras. Tienen un pequeño sector de automoción que es donde estoy yo. Parte de mi trabajo es comenzar negocios con Ford. Pedí un contrato alemán y condiciones alemanas.

**PETER** Cuando terminé ahí, estuve sin trabajo más o menos un mes. Luego me llamaron de dos sitios: de un restaurante que iban a abrir de la cadena Bill's y de una tienda. Las entrevistas son un cachondeo. En la primera éramos un montón de gente y nos dividían en diferentes equipos. Una prueba consistía en construir una torre con rollos de papel, así veían quién lideraba, quién era más competitivo, quién más sumiso... En la otra te daban un producto y te pedían que imaginaras que tenías que vendérselo a un cliente. Era como una audición. A mí me tocó la mermelada de fresa, sugerí algo de acompañarla con unas tostadas y al final salió, me cogieron.

En el otro sitio, en el restaurante, también me cogieron, pero preferí la tienda porque era algo que no había hecho y del restaurante ya estaba un poquito aburrido de servir a la gente. Ahí es donde trabajo ahora, ya llevo dos años.

**BERNI** Eva vino en julio y al día siguiente tuvo una entrevista con la misma persona que me había entrevistado a mí, en el mismo sillón, y cuarenta minutos después estaba firmando el contrato. Esa es la diferencia entre ese país y España: aquí hay pleno empleo. El otro día fui al centro de salud, que está a cuatro minutos andando, y me puse a contar el número de comercios que tienen un cartel en el escaparate de que buscan personal. Si hay setenta negocios, diría que cuarenta buscaban personal. Es alucinante. No sé qué va a pasar con el *brexit*, pero hay trabajo. Hay que cogerlo con pinzas: ¿qué trabajo y con qué salario? Pero si estás en una situación desesperada, aquí lo encuentras.

**JORGE** El otro día lo pensábamos María y yo: «Tiene que ser la hostia hacer algo que no hemos hecho en la vida, que es vivir en España con un trabajo decente. Estar en un sitio donde cobres mil ochocientos o mil setecientos euros al mes, estés cerca de tu familia, de tus colegas, irte de vacaciones de vez en cuando...».

**MARÍA A.** El trabajo para mí es importante, ahora gano más que en España. Pero aquí en Uruguay también estuve ganando quinientos euros al mes, y aun así no estaba mal. Estaba a gusto porque no tenía esa presión, no tenía el jodido día a día de la crisis machacándome. Tu cabeza descansa y eso también lo valoras. Mis amigos me dicen: «¡Pero qué haces ahí!». Pues ejercer el periodismo desde otro punto. El otro día hice un tema de Honduras, por ejemplo, que me parece más interesante que contar lo que pasa en las Cortes de Castilla y León. En España me quedaba en ese periodismo local del que no sales, no te mueves, no ves.

**ERNESTO** El día que empecé a trabajar en el *college* me dieron mi chapa de empleado: se veía mi nombre, mi cargo y mi foto. Lo primero que hice fue ir a comer a una de las cafeterías que tenemos y me pedí un perrito caliente. Le dije al que atendía: «Dame la salchicha más grande que haya». Me dieron una salchicha, le pusieron todos los *toppings* necesarios e hice una foto al plato: el perrito caliente con la chapa de empleado al lado. La colgué en Twitter y puse: «Unos meses después, ya estoy al otro lado de la cadena alimenticia». Fue mi celebración personal.

**SORAYA** Ahora en septiembre las niñas empiezan el cole. Será el momento de que yo busque trabajo y de que lo que haga tenga sentido económicamente. He disfrutado de esta etapa porque no me ha quedado otro remedio, pero la he disfrutado.

**LEONOR** Intentar volver fue lo más duro. Me presenté a varios puestos en universidades de Madrid y nada. Empecé a pensar que todo lo que había hecho no servía. Estuve un año en el paro, con una pequeña depresión y un sentimiento muy fuerte de sentirme atrapada en Luxemburgo. Me salió hasta urticaria del estrés, ¡del estrés de no poder trabajar! Por suerte, en 2011 Francia vuelve a sonreírme y tengo el mayor golpe de suerte de mi vida: un contrato postdoctoral de tres años en la Universidad de Estrasburgo. Pero como no tengo remedio y soy una puñetera nostálgica, cuando el contrato acabó [en agosto de 2015] me volví a presentar a una plaza en la Universidad Complutense. Esta vez la conseguí, así que volví a España a finales de año, a cobrar poco y menos, seiscientos euros, pero bueno. Hasta me denegaron la tarjeta de El Corte Inglés porque dedujeron que por mi salario era imposible que fuese profesora. Pensaban que era becaria. ¡Ojalá! Cuando era becaria cobraba el doble. Pero estcy feliz de la vida. Mi chico de momento se queda en Luxemburgo hasta que encuentre algo en España. Y yo mientras en Madrid, sola con mi hija, embarazada de nuevo y con una plaga de cucarachas en casa.

**BERNI** No ahorramos nada, ahora mismo vamos justitos, porque siempre hay algún imprevisto, un viaje a España... Hace unos meses tuve que renovar el pasaporte holandés y me clavaron cien libras. Cuando parece que vas ahorrando un poquito dices: «Vamos a hacer el esfuerzo y vamos a Abu Dabi a ver a mi hermano y a su hija recién nacida», y ras, todos los ahorros borrados. Hacía dos años y medio que no lo veía, mi otra sobrina de seis años no me reconoció. A pesar de todo, las perspectivas aquí son positivas, me han salido entrevistas, el teléfono ha sonado. Estas oportunidades en España no las hay.

# IDENTIDAD

Emigración: desplazamiento de una identidad previamente ignorada.
— Andrés Neuman, *Barbarismos* (2014)

**JORGE** Al tercer o cuarto día de llegar a Montevideo tuvimos que ir a la Dirección General de Migraciones. Había una fila enorme de gente. Cuando nos atendieron nos faltaban documentos, pero nos trataron bien. Qué cojones, nos trataron mejor de lo que tratan a alguien en una comisaría de extranjería en España. Aun así, en ese momento fue cuando pensé: «Sí, soy emigrante con todas las de la ley».

**CLEMENTE** Sé lo que es ser inmigrante. Dejar a la familia, extrañar al padre, a la madre, al hermano. Haces amigos, pero no es igual. Te hace falta tu familia. Nostálgicamente lo siento por Peter, porque ha estado muy pegado a mí. Yo sé que está aprendiendo y madurando mucho, pero es un sacrificio tremendo estar en otro país. Creo que este es el país de Peter y Natalia, ellos son de aquí. La única diferencia es el color de piel.

**PILI** Yo era consciente del drama de la migración. Lo veía en otras madres y pensaba que era muy crudo. Como no lo había vivido en primera persona no había llegado a dolerme tanto. De hecho algunas veces me siento egoísta porque tengo amigas cuyas hijas e hijos han muerto y algunas veces me dicen: «Ojalá pudiera yo ir a Canadá a abrazar a mi hija». Una amiga perdió a su hija en el 11M. Tenía el vestido de novia comprado, se iba a casar. Se llamaba Victoria, como una de mis nietas. Cuando hablo con ella me dice: «Ojalá pudiera yo ir a Australia o donde sea». Y pienso: «Qué egoísta soy».

**BERNI** Nunca me he sentido arraigado a una tierra ni me he sentido 100 % español ni 100 % holandés. En el grupo de colegas de Santander siempre he sido el guiri, con doce años me marché a estudiar a Inglaterra, me encanta viajar... Me siento más español, pero cuando estoy en España no tengo esa sensación, y cuando estoy fuera, sí. Emigrante no me siento, quizá porque para mí Inglaterra es casi mi segundo hogar. Viví aquí diez años y en muchos aspectos de mi carácter soy inglés, muy a mi pesar: soy puntual, me gusta el té y la cerveza... Emigrar dentro de Europa no me parece emigrar, estamos dentro de un espacio común. Aunque estos hayan votado salirse de Europa, para mí siguen estando en Europa.

**LEONOR** Cuando llegué en 2008 no me sentía emigrada. Jamás he tenido un rechazo hacia ese término, un rechazo que sí he visto en círculos de expatriados de lujo. A los dos años entré en contacto con el círculo Antonio Machado en Luxemburgo, una asociación de emigrantes vinculada con la izquierda y con el antifranquismo. Luego, en los años ochenta, llegaron los primeros funcionarios de la Unión Europea, sobre todo traductores y filólogos. Éramos generaciones muy diferentes, pero enseguida me di cuenta de que, aunque las condiciones habían cambiado, claro que era emigrada. Mis penas, mis objetivos y mis dramas eran los mismos que los suyos. Ya había pasado por las dificultades de encontrar trabajo, de perderlo, de buscarlo otra vez y de ver que en 2010 no podía volver a mi país.

**JORGE** El emigrante de los años cincuenta tenía unas perspectivas vitales muy determinadas, más bajas seguramente. Nosotros, en cambio, como hemos vivido en una sociedad más desarrollada, hemos estudiado y estamos en un entorno más consumista, tenemos unas expectativas más elevadas. La cosa es poner esa opción —la de quedarte en casa de tus padres, vivir del paro, lo que sea— en relación con las expectativas que tú tienes y que te han generado. Y no hablamos de comprarnos un iPhone o una casa, sino de, ¡joder!, lograr algo tan básico como llegar a una situación profesional satisfactoria. Por eso el lema «No nos vamos, nos echan» me parece cojonudo.

**PETER** ¿No nos vamos, nos echan…? Creo que nunca lo he escuchado. Y el término de «exiliado económico» tampoco.

**SORAYA** Podríamos habernos quedado en España sin que nadie nos matase. No era la situación ideal, pero podríamos haber seguido en casa de mis padres, haber intentado trabajar los dos y dejar a las niñas con ellos… Hay gente que llega aquí porque no le queda otra, porque su casa ya no existe o porque viene de un país que está en guerra. He conocido a gente aquí con historias tan duras que me han hecho ver que tengo que estar agradecida por lo que tenemos. A veces cuando estás pasándolo mal no te fijas en lo que tienes, sino solo en lo que te gustaría cambiar.

**MARÍA A.** Hay mucha gente que me dice: «Qué valiente que te has ido». Y yo digo: «Yo me he largado y chao, puede que el valiente seas tú que te has quedado aguantando ahí». La gente también a veces se acomoda, te quejas, te quejas, estás jodido y no haces otra cosa. La gente de nuestra edad o más joven que no tiene hijos ni una hipoteca… Bueno, pues decide dar el paso y lárgate, intenta probarlo, no te conformes, porque a la vuelta te vas a encontrar con lo mismo: tu madre te va a abrir la puerta.

**BERNI** Mi hermana mayor, con tres hijos, nos dijo: «Qué bien habéis hecho, enhorabuena, estoy orgullosa de vosotros, si yo no tuviese la mochila que tengo también lo habría hecho». Ella es autónoma, consultora de marca, y lleva muchos años chungos. El marido trabaja en el sector comercio, no está muy contento. Entre el salario de ambos van tirando, pero mi hermana en cualquier otro país europeo estaría mucho mejor. Ha tenido clientes que no le han pagado facturas, que le pagaban la mitad o tardaban seis meses en pagarle... Aquí en Londres tendría trabajo seguro y bien pagado, pero es el riesgo, con tres niños de 15, 11 y 8... Te tienes que alquilar una casa, ¿cómo empiezas? Es muy difícil.

**LAURA** Supongo que me cuesta verme como emigrante porque me fui un poco con un pie en España. Sigo pensando en lo que pasa allí. Por un lado lo veo como algo temporal, pero si lo pienso fríamente no sé cuándo voy a volver ni en qué condiciones. Y entre las personas que se han ido creo que soy de las que mejor están: tengo una familia que no es rica, pero que no lo está pasando mal, sé que podría volver y que mi familia no depende de mí, de que yo les pueda enviar dinero o no, por ejemplo.

**ERNESTO** Cuando los políticos dicen: «No son emigrantes, es que tienen espíritu aventurero», me tocan las narices. No me gustan los eufemismos que utiliza la derecha para negar este movimiento de migrantes, pero tampoco me gustan los del otro lado para decir que estamos en una situación peor de la que realmente es. Está claro que exiliados no somos, yo puedo ir tranquilamente a España cuando quiera, pero he conocido a mucha gente en Canadá que no puede volver a su país porque corre peligro. Conozco a un chico colombiano al que intentaron secuestrar porque es familiar de no sé qué político. Yo a eso lo considero exiliado. Igual que un refugiado: alguien que no puede volver porque lo matan, lo secuestran o lo que sea.

**MARÍA A.** Yo no puedo decir: «Soy una víctima». Muchos dirán: «Tú no tenías esa obligación, podías haber seguido, eras mileurista, trabajabas de lo tuyo...». Pero decidí dejar mi trabajo e irme porque la situación era mala. No me quise conformar. No es como decir: «Ay, mira, voy a vivir una aventura».

**PETER** No vine por una situación política. A lo mejor la situación económica afectó un poquillo, pero no era la principal razón. Vine a por una nueva experiencia. Cada uno se ha ido por sus propias razones, no puedes dar un nombre general a un grupo entero porque la situación esté de determinada manera en el país. No me considero ni emigrante ni inmigrante.

Mi padre, por ejemplo, buscaba una vida, asentarse en un sitio, quedarse allí. Yo no busco un sitio donde quedarme, sino experimentar. Nadie me ha obligado a irme. Si hubiese venido buscando una vida, una mujer, unos hijos… entonces diría que soy inmigrante.

**BERNI** Cuando volé la primera vez desde Madrid me despedí de mi madre, mi hermano, mi cuñada y mi hermana en plan «hasta luego». Que es Londres. ¡Si de Santander está más cerca Londres que Cádiz!

**MARÍA P.** Mi abuelo se fue a Suiza hace cincuenta años, como hicieron muchos. No es lo mismo, no lo puedes comparar. Se fue a hacer un trabajo que no quería nadie, a servir a los militares en las cocinas. Escribía una carta una vez al mes, porque no llegaban más, y veía a su familia cada año. Hoy en día me da igual trabajar en Colonia que trabajar en Barcelona, ¡si es que tengo mejores conexiones desde aquí a León que desde Barcelona!

**MARÍA DE LOS ÁNGELES** Conocemos a unos vecinos que emigraron en su momento. Solo vienen a Murcia un mes al año. Viven en Alemania, sus hijos son alemanes. Se fueron en malas condiciones, pero con un contrato de trabajo. Han tenido una vida dura, pero ahora vienen y no lo tienen en cuenta a la hora de mirar a los inmigrantes que hay aquí. Lo utilizan para hablar mal de ellos: consideran que ellos eran «buenos» y que los que vienen ahora son «malos», y yo no veo esa diferencia. Ellos no se dan cuenta de que cuando llegaron a Alemania la impresión que tenían de ellos es que eran los pobres, o los que iban a quitarles el trabajo.

**ERNESTO** En la guerra civil exiliado era Machado, y emigrantes eran los que se iban con una muda a Alemania porque no tenían trabajo. Y claro, puestos a elegir, en el imaginario colectivo que tenemos, preferimos ser Machado que el currito anónimo que se fue a trabajar por dos duros. Somos lo que somos, somos emigrantes. O al menos es como me identifico yo.

**JORGE** Yo siempre había tenido en mente unas distinciones claras: hasta aquí eres inmigrante, hasta aquí eres refugiado, hasta aquí eres exiliado. Pero me he dado cuenta de que es todo mucho más difuso. He llegado a un punto en el que respeto profundamente cuando alguien me dice: «Soy exiliado». Al principio me indignaba mucho: «Joder, un exiliado es alguien que ha vivido una guerra, que ha vivido un conflicto». Pero luego lo piensas y puedes ser exiliado económico. Por Twitter discuto un montón con la «verdadera izquierda», me pongo súper de los nervios con el tema de los exiliados. Para ellos son como un patrimonio ideológico: es un capitán del ejército republicano que en el año 39 cruza la frontera con Francia, y no los jóvenes de clase media que se van a América Latina con cuatro mil euros.

**CHRISTOPH** Para mí, «inmigración» es algo diferente. La gente que está viniendo ahora a Alemania está huyendo de la guerra, tiene que salir de allí porque su vida corre peligro; la gente que viene de España lo hace porque no puede encontrar un trabajo digno en su país y sale para buscarlo. Una cosa es la inmigración y otra es mudarte para buscar un trabajo.

**ERNESTO** Muchas veces se utiliza el término «exiliado» con mucha facilidad. Quiero decir, me parece que es vender el cuento de «qué pobrecitos somos» mucho más de lo que es en realidad. Yo tengo claro que mi país me prometió una serie de cosas si yo cumplía una serie de cosas: dígase estudiar una carrera... Yo hice mi parte, la sociedad no cumplió y entonces me he tenido que buscar las castañas por otro lado. No estoy contento con que mi país me haya «fallado», pero me da pudor decir cosas como «el país me debe algo». La verdad es que no lo tengo muy claro.

**LAURA** Con todo lo que está pasando en Europa con los refugiados, con las políticas migratorias y las fronteras, creo que somos emigrantes de primera. Entiendo que se puede utilizar el término de «exiliado económico», pero creo que nosotros, por mal que estén las cosas en España, no salimos en las mismas condiciones ni se nos recibe igual. No me gusta utilizar el término «exiliado» para referirme a mí misma. Emigrante sí, pero los demás términos no. Verte como emigrante ya cuesta, pero verte como inmigrante cuesta muchísimo más[1].

**MARÍA A.** Tenemos esa visión del inmigrante en España: persona jodida, persona que viene en patera, persona latinoamericana que viene con nada, peruano, ecuatoriano, boliviano. Como que te da cosa ponerte a su nivel porque estás mucho mejor que ellos. Me parece una falta de respeto hacia ellos, no lo sé. Y tampoco tiene por qué serlo, yo también salí de mi país para buscarme la vida como ellos, pero ellos vienen de una situación mucho peor.

1. La distinción que los protagonistas hacen entre emigrante e inmigrante se explica en el prólogo.

**CLEMENTE** En Perú que me digan indio es un insulto. Aquí que me digan indio es como enaltecer mi raza. Me siento orgulloso de ser indio, en el sentido inca. Del mismo modo, no me molesta que me digan inmigrante, no es denigrante. Para mí es una forma de mejoramiento personal. Si te quedas donde estás y eres conformista, no progresas. Lo importante no es el término, sino que tú te hagas valer. Aquí todo el mundo me conoce como Clemente, no me dicen «el extranjero» o «el inmigrante». Me he hecho valorar por mi esfuerzo y por mi constancia a la hora de alcanzar mis sueños. Para mi parecer personal he alcanzado el sueño europeo: tengo un chalé, un trabajo, vivo tan normal, como muchas de las personas que han nacido en España.

**MARÍA P.** Me noto inmigrante porque me he ido de España, pero no noto que sea extranjera: en Colonia siento que estoy en mi casa. Por el nuevo trabajo viajo mucho, pero cuando duermo en casa siento como… de esto que dices: «Tengo un hogar». Eso lo siento aquí, no es que toda Alemania sea mi casa, como tampoco lo es toda España. Tengo mi hogar, el de mi familia que está en León, y este de aquí. No me siento fuera de sitio, creo que me he adaptado bien a la cultura. Si no te adaptas, sí que te vas a sentir extranjera toda tu vida.

**CLEMENTE** Cuando llegamos aquí somos como el que imita. Veíamos que todos los españoles fumaban y también queríamos fumar. Cuando bajaba la basura me decían: «Cómprate una cajetilla». Iba a comprarla y cada vez que entraba al bar era como si entrara la rareza. Yo sentía que la gente no estaba acostumbrada al extranjero. Todo el mundo giraba la cabeza. Éramos contaditos inmigrantes aquí y se les hacía raro.

**JORGE** Podría haber trabajado en un bar, de hecho lo hice un tiempo, podría haberme dedicado a hacer encuestas por la calle, a captar... Pero llega un momento en el que dices: «No me da la gana». Aquí en Uruguay hay mucho descendiente de emigrante, ya no hablo de los exiliados que llegaron al final de la Guerra Civil, sino de los emigrantes gallegos de los cincuenta, y cuando hablas con ellos te dicen: «Yo me iba del pueblo porque lo único que me quedaba era ponerme a recoger estiércol».

**CLEMENTE** Cuando me vine a España lo pasé mal, pero a mis padres nunca les comenté mis malas experiencias porque la decisión fue propia. Me las guardaba para mí. Al principio pensaba en volverme porque en Perú había estado en una oficina con generales, oficiales, coroneles... y al llegar aquí fue un cambio radical. Era llegar y aceptar lo que hubiese. Hay gente que llega a un país nuevo y quiere las mismas condiciones que en su país. En tu país de origen puedes aspirar a todo, porque es tu país, pero cuando vas a otro tienes que adaptarte a la situación. Un inmigrante tiene que salir adelante con cualquier trabajo que le ofrezcan.

**LAURA** Yo iba al colegio con compañeros marroquíes. A partir de cierta edad dejaban el instituto y se ponían a trabajar. Cuando las cosas iban bien, cogían los peores trabajos, y cuando empezaron a ir mal, los españoles cogieron esos trabajos y ellos se quedaron sin ninguno. En ese momento a lo mejor no te lo planteas tanto, pero cuando te has tenido que ir tú, echas la vista atrás y piensas lo mal que lo tuvieron que pasar. Te das cuenta de que hay emigrantes de primera y de segunda: a mí nunca me han tratado en Francia como se trataba a los marroquíes en España.

**CARLOS** A los inmigrantes que han venido a Murcia los han tratado como mano de obra barata: explotados, trabajando ilegalmente, nunca hay inspecciones… Los que viven decentemente son cuatro. Una vez iba por la calle y pasaba una mujer marroquí con su crío y un hombre le gritó: «¡Vete a tu tierra!». ¡Con un desprecio…!

**CLEMENTE** Hay una cosa que me indigna, y es que los «negritos» son contaditos los que veo en el ámbito laboral normal. Todos están en la puerta del supermercado pidiendo su limosna. Es una especie de rechazo a esa colectividad. A los «negritos» los separan, a nosotros los latinos no tanto, quizá por similitud con los españoles. Yo a eso lo considero ignorancia.

**MARÍA P.** Cuando ves cómo te pagan en comparación con los alemanes te das cuenta de que somos los «moritos». A ver, no lo digo de forma despectiva, pero es verdad que en España la gente del norte de África no tiene un salario igual que los españoles. Una vez que estas allí (bueno, aquí), te das cuenta de que tu sueldo es fantástico comparado con lo que te ofrecen en España, pero no tiene nada que ver a lo que hay aquí. Se están riendo en tu cara. Un alemán recién titulado, con inglés, cobraría 45 000 euros de entrada, y yo cobraba 30 000.

**JORGE** Al principio me daba un mogollón de vergüenza decir que era emigrante, tenía miedo de que alguien me dijese, como a una amiga nuestra le pasó en Buenos Aires: «Ahora que os va mal en Europa venís los euracas aquí a quitarnos el trabajo». Me encanta el término euraca: ¡sudaca, euraca! Pero nunca he tenido ni un solo problema, todo lo contrario. Aquí hay cierta fascinación por lo español y lo europeo, así que sigo siendo el emigrante privilegiado. La gente lo que más te pregunta es cómo un español –que España es lo más– viene aquí a Uruguay.

**ERNESTO** Quizá porque soy de Filología y las palabras me importan especialmente, creo que el lema «No nos vamos, nos echan» tiende a asociarse con otros momentos históricos, no solo en España, sino en otros países. Parece que nos deportan, nos echan. Yo creo que el Gobierno ha pasado de todo, nos ha echado por inacción, pero no ha habido *containers* de refugiados a los que echan al mar. Es otro tipo de violencia, es una violencia pasiva. Pero también me da mucho pudor llamarlo violencia. Uf, ahora mismo parece que me estoy justificando a mí mismo para no reconocer que yo he sufrido ese tipo de violencia. Me doy cuenta mientras lo digo porque nunca había reflexionado sobre ello. Me da un poco de vergüenza decir que he sufrido… esto. Que todavía no soy capaz de nombrarlo. Nadie me ha cogido de la camisa y me ha echado, pero oye, yo quiero tener la libertad de poder decir sin pudor alguno: «Me habéis jodido la vida un poco». No tengo problema en que me tires al suelo: me levanto y sigo andando, pero déjame decirte que tú me has jodido. Aunque todavía siento pudor a la hora de decirlo libremente.

# LA DÉCADA PERDIDA

España ha superado el billón de euros del PIB por primera vez en su historia [...]. Haciendo uso de un símil futbolístico, se podría decir que la economía española ha entrado en esta legislatura en la «Champions League» de la economía mundial.

—José Luis Rodríguez Zapatero, presidente del Gobierno

*Septiembre de 2007*

**MARÍA P.** La crisis la he vivido a través de la tienda de mi padre. Mi padre hace reparación de calzado, pero también muchas cosas de cremalleras, mochilas, cazadoras... Esa parte la hace mi madre en casa. Había días que trabajaba dos horas y otros que eran las doce de la noche y ella seguía cosiendo cuando nos íbamos a dormir. Recuerdo que cuando estaba en la universidad mi padre empezó a comentar algo. Porque claro, tú tienes la suerte de que te pagan la universidad, te pagan la residencia, te dan dinero y no te enteras realmente de lo que está pasando, aunque oyes cosas. Mi padre decía: «La tienda está más floja, no hay tanto trabajo».

**PETER** Me acuerdo de que antes me gustaba comer un montón, y en la nevera tenías cosas para comer, así que llegabas, te comías algo y no pasaba nada. Por un lado, me di cuenta de que eso ya no era lo mismo, ya no traían tantas cosas. Y por otro, mi padre venía más estresado cada día porque iba perdiendo clientes, no cogía el mismo dinero que antes.

Decías: «Joder, aquí está pasando algo». Mi padre intentó ocultarnos muchas cosas en esa época para no darnos la sensación de que él estaba mal, pero se notaba en el estrés diario que tenía, cómo llegaba de cansado, cuántas horas empezaba a trabajar de más... He puesto el ejemplo de la nevera porque es un poco más chocante cuando eres un chaval.

**JORGE** Entre 2007 y 2010 yo estaba en Guatemala, y cuando hablaba con la gente en España no era consciente de ese deterioro macroeconómico. De vez en cuando, por curiosidad, leía el *New York Times* y metía en el buscador «Spain» para ver qué salía, y todo lo que llegaba era de puta madre: «España, el país del AVE, con trenes de alta velocidad que en Estados Unidos no tenemos...». Cosas superfaraónicas, de ese rollo que tú lo veías y decías: «Qué de puta madre mi país». Luego pensabas: «Para qué coño queremos tanto AVE». Pero en aquel momento me hacía ilusión. Yo empecé a darme cuenta de que las cosas se iban a la mierda cuando empezaron los recortes en la Agencia de Cooperación en 2009. Me di cuenta de que lo que salía en los medios internacionales era una imagen proyectada, no había ningún tipo de análisis detrás. Luego reflexionabas y decías: «Hostias, que a lo mejor no somos ricos de verdad».

**LEONOR** Era 2007 y la percepción era de «vacas gordas». Yo recuerdo a mi marido, que es economista, diciendo: «España crece al 4 %». Cuando acabé el doctorado tuve bastante suerte, encontré trabajo enseguida. Obtuve dos puestos de profesora en dos universidades privadas. Era precario, muy satisfactorio, pero precario. Mi horizonte de estabilidad era un puesto fijo en la universidad. Más tarde, cuando ya estábamos en Luxemburgo recuerdo ver en la tele la caída de Lehman Brothers y cuando Obama se hizo presidente [septiembre y noviembre de 2008]. En aquel momento noté a mis padres preocupados. Nos decían: «Ni se os ocurra volver, allí estáis muy bien».

**ENRIQUE** Cuando nos fuimos no sabíamos nada de la crisis, era cuando Zapatero decía que estábamos en la «Champions» de la economía[1]. No sabíamos lo que se avecinaba. Después nos sentimos afortunados, entre comillas, de haber sorteado esa situación fuera de España. Por otro lado, estábamos apenados porque veíamos lo que sucedía: mi hermano y varios compañeros míos perdieron sus trabajos. A toro pasado es muy fácil hacer una lectura de la crisis. Lo que sí que recuerdo es que en los momentos previos a que todo estallara, a quien levantaba la mano para decir lo que estaba ocurriendo poco más o menos le decían que estaba loco. Y al final nos la pegamos pero bien.

**MARÍA P.** Mi hermano siempre se mete conmigo, me dice: «Claro, tata, tú viviste las vacas gordas». Es cierto que durante una época se vivió mejor en España, y yo tuve todo lo que quise. Siempre he sido muy caprichosa, qué quieres que te diga, pero dentro de unos límites: una familia normal, una clase media normal... Mis padres siempre han sabido dónde estaba el límite, han sabido que había que guardar una parte porque no siempre se vive bien. El principal miedo que

1. En realidad lo dijo en septiembre de 2007, ocho meses antes de que ellos emigraran. Zapatero no pronunció la palabra tabú hasta julio de 2008: «Estamos atravesando un ciclo bajo, con un ajuste duro, crisis para todos a los que le gusta llamarla crisis».

tenían era no poder darle a mi hermano lo mismo que me dieron a mí. Es diez años menor que yo y este año empieza la universidad. Mis padres no querían que llegase este día y decirle: «No te lo podemos pagar». Ahora la universidad es más cara y hay menos becas como las que yo tuve. Les va a costar más esfuerzo, pero lo van a poder hacer porque en su momento pensaron en qué pasaría dentro de diez años.

**BERNI** Teníamos que haber sido un poco más precavidos y no habernos lanzado a un local que necesitaba tanta inversión. Fuimos insensatos. Bueno, insensatos... Eva y mi madre me dirían que no. Tomamos la decisión que creíamos correcta con la información que teníamos en aquel momento. Nadie, ni en el peor de los casos, pensaba que íbamos a estar cinco o seis años en crisis. ¿Y cuántos llevamos ya…?

**CLEMENTE** La crisis para los autónomos fue un golpe tremendo… Cuando las cosas iban bien nos acumulamos de deudas. Entre el coche, la casa, etcétera, era un agobio. La cosa cambió de catorce mil a seis mil euros al mes. Tuve que prescindir de mis trabajadores y doblar mi esfuerzo hasta que todo se niveló, pagué mis cosas y ahora estoy más tranquilo. Me dediqué yo a hacer todos los trabajos de madrugada, por el día y a terminar muchas veces por la noche. Eso conlleva un estrés galopante, de caballo. Cuando me quedé con Peter y Natalia el chalé lo pagaba yo solo. Ahora también tengo un niño pequeño de cinco años y son más gastos. Ya no tengo empleados, lo hago yo todo. Salgo a las cinco de la mañana, como tengo llaves de los locales comerciales, abro, y así cuando llegan ya está limpio. Y en el día me dedico a hacer limpieza de escaparates de tiendas. Esa es mi rutina.

**MARÍA P.** Antes, mi padre siempre estaba estresado porque tenía mucho trabajo, y empezó a estar estresado porque no tenía tantas cosas que hacer. Tiene tres empleados y decía: «Me agobio porque estamos trabajando y tengo a uno parado y no tengo trabajo para darle… ¿Qué hago, lo mando de vacaciones?». Durante la crisis no ha despedido a ninguno y no les ha bajado el sueldo. El suyo sí ha bajado. Es decir, los beneficios. El suyo, el mío, el de mi madre y el de mi hermano, porque todos vivimos de eso. Bueno, yo ya no, pero entonces sí. Ahora, cada vez que me dice: «Estoy muy estresado», le pregunto: «¿De qué?». «Es que hay muchas cosas por hacer». Entonces digo: «Ah, vale, no me preocupo».

**CINTIA** Cuando empezó la crisis, todo lo que se construía en Elche se paró, dejó de construirse. En McDonald's no se notó porque ha habido trabajo siempre. Pero en el centro comercial se notaba que no venía tanta gente, ni al cine. Mucha gente conocida estaba en paro, en el telediario solo veías malas noticias, que a la gente le quitaban su casa... Cuando mi madre tuvo que hacerse cargo de la hipoteca ella sola empezó a moverse mucho con gente de la Plataforma de Afectados por la Hipoteca (PAH), y yo pensaba: «Joder, estamos en las mismas que la gente que hace unos meses veía por televisión».

**BERNI** La casa de mi madre se perdió. La pusimos en venta y solo hubo una oferta. Cuando decidimos cerrar, por desesperación, la aceptamos. Era ridícula, pero con ese dinero podíamos saldar gran parte de la deuda bancaria. Teníamos un crédito del ICO (Instituto de Crédito Oficial) y le dejamos un dinero a deber al Banco Santander… Es curioso: mis abuelos pidieron un crédito en los años cincuenta y les dijeron que no, y desde entonces hasta 2010 nunca habíamos tenido una cuenta en el Banco Santander. Nunca hasta 2010... ¡Y encima les dejamos un pufo! Para mí es mucho dinero, pero para el banco son pipas: preferimos pagar la deuda con el personal que pagar la deuda bancaria. El crédito del ICO se lo comió el Estado con patatas. A mi madre le embargaron las cuentas y ahora vive con la pensión mínima. Aún sigue recibiendo llamadas de agencias de cobro.

**MARÍA A.** En el trabajo cada vez me sentía peor: eran muy partidarios del Gobierno, del Partido Popular, las noticias se hacían como churros, la gente que se iba no era reemplazada y tenías más carga de trabajo... Además estaba en la sección de Economía y era todos los días: «Crisis, crisis, crisis», y eso hace mella. No había presiones directas para hacer la información, pero siempre estaba la autocensura, sabes para qué grupo trabajas. Había cosas sutiles: «No se puede decir recortes, digamos ajustes». No venía nadie a sentarse a tu lado y decirte: «Eso no podemos hacerlo». No era tan exagerado como en Telemadrid, era todo mucho más *light*, pero obviamente es una televisión conservadora y con una cierta línea editorial.

**JORGE** Hay ciertos términos que no expresan en toda su crudeza lo que ha ocurrido: «En lugar de recortes lo llamamos reforma, en lugar de autónomo, emprendedor...». Cuando oigo esa palabra me llevo la mano a la pistola[2]. Fue

2. En referencia a la famosa frase acuñada por Hanns Johst en su obra de teatro *Schlageter*: «En cuanto oigo hablar de cultura le quito el seguro a mi Browning».

un proceso gradual, una disonancia entre la realidad que te rodeaba y lo que leías en los periódicos o lo que decían tus representantes políticos. Esa contradicción se va exacerbando y se rompe con el 15M, cuando la gente sale a la plaza y alguien se levanta y dice: «¡Que no son reformas, que son recortes, y la crisis la pagamos con la salud y la educación!».

**MARÍA P.** Yo no fui al 15M ni nada de esto. No sé por qué. No porque me parezca ni bien ni mal, no estoy en contra para nada, me parece muy lícito y estoy de acuerdo con lo que he escuchado, pero creo que no he ido a una manifestación en mi vida, para ser realista... No participo políticamente. ¿Por qué? Porque no estoy totalmente concienciada de lo que importa mi voto y mi actuación personal. Pienso: «Lo que haga yo no va a cambiar las cosas». Yo me he buscado la vida, que es irme de España, pero no soy consciente de que yo con mi voto pueda cambiar algo. Ahora lo estoy diciendo y digo: «María, eres tonta». Posiblemente sea una actitud egoísta...

**ENRIQUE** Todos nuestros amigos nos decían: «No volváis, esto está fatal, habéis hecho fenomenal en iros», y era algo que nosotros habíamos hecho sin pensar. Algunos familiares nos preguntaban por oportunidades para emigrar a Luxemburgo a trabajar. Luego vivimos con pena no estar en España durante el estallido social, no poder acompañar a la gente en las calles, en las manifestaciones. Era un momento muy duro para mucha gente y no podíamos hacer nada.

**CINTIA** Como mi madre no podía pagar la hipoteca sola, intentó vender la casa, pero lógicamente nadie quería comprarla. Te hablo de 2011, en plena crisis. No sé muy bien qué pasó, fue una época tan sumamente mala que pensé: «Cuanto antes la borre de mi mente, mejor». Sé que mi madre consiguió que durante dos años solo tuviera que pagar la mitad de la hipoteca, pero eso se acabó y el banco le dio una fecha para abandonar la casa. Nos desahuciaban. No sé qué hizo pero lo solucionó. Tuvo dos semanas muy raras en las que solo me decía: «Espérate que de aquí no nos vamos». Yo no entendía nada. Pero recuerdo que un día estaba en clase y me llamó mi madre: «Cintia, te llamo porque quiero que sepas una cosa: tu madre acaba de conseguir que le quiten la deuda y vamos a salir adelante». Me tiré al suelo y mi madre se puso a llorar. Recuerdo que entré en clase, mucha gente sabía lo que estábamos pasando, me preguntaron. Conté lo que me había dicho mi madre y todos se levantaron, hasta la profesora, y aplaudieron. Y a partir de ahí todo fue un poco mejor. El banco se quedó la casa que mi madre compró con el hombre que la timó, y con mi nómina del McDonald's recompré el piso de Elche por cuarenta mil euros. Lo hemos alquilado para ir pagándolo y nosotras vivimos en un piso más barato. Mi madre no quiere volver al otro porque le trae malos recuerdos.

**BERNI** Una de las reuniones más complicadas fue cuando nos presentamos en una de las oficinas centrales del banco para comunicarle al director que, como ya sabía, íbamos a cerrar. Que estábamos haciendo todo lo posible por saldar las deudas, pero que no íbamos a poder pagarles todo. Decir eso a la cara a alguien es muy duro. Mi madre se puso a llorar: «Lo he perdido todo, lo siento mucho, no sé de qué voy a vivir...». El director se quedó acojonado, pero fue comprensivo y nos agradeció que diésemos la cara. Es una de las lecciones que he aprendido del cierre: aunque las cosas se pongan cuesta arriba hay que afrontarlas y dar la cara. Hace un año y pico me lo encontré en un bar tomando una cerveza y unas croquetas. Nos saludamos mutuamente y nada más. «Hola, hola, qué tal».

**ERNESTO** Una de las principales razones por las que empezamos a viajar tuvo que ver con el 11M. El domingo siguiente, Soraya y yo fuimos a votar con un cartelito que ponía: «El pueblo merecía la verdad antes de votar», y tuvimos un enganche muy grande con algunos concejales que estaban en el colegio electoral. Por aquella época yo trabajaba en el Ayuntamiento de Alcalá, y unos días después de aquello me rescindieron el contrato diciendo que mi puesto no era necesario. Me puse a buscar trabajo, y recuerdo que durante bastante tiempo algunos amigos empresarios de Alcalá me decían: «Mira, no sé qué habrás hecho en el Ayuntamiento, pero me han llamado de alcaldía diciendo que no te contratemos». Ahora he leído que es posible que el próximo imputado del PP sea el alcalde de entonces, Bartolomé González[3], mano derecha de Esperanza Aguirre.

**JORGE** La última vez que fui a una manifestación en España antes del 15M fue la que se convocó por los atentados del 11 de marzo. Me quedé acojonado porque estaba todo lleno de

3. Abandonó la alcaldía en 2012 y ahora es diputado de la Asamblea de Madrid. Está siendo investigado por el cobro de comisiones en el marco de la trama Púnica. Según un informe de la Guardia Civil, «hay indicios suficientes de que Bartolomé González recibió sesenta mil euros de Cofely, una de las empresas centrales de la trama, a cambio de una adjudicación del Ayuntamiento que regía». Águeda, P. (2016, 22 septiembre). «La Guardia Civil confirma que el diputado del PP Bartolomé González cobró 60 000 euros de Púnica». eldiario.es. Disponible en: http://www.eldiario.es/madrid/Guardia-PP-Bartolome-Gonzalez-Punica_0_561344657.html

gente muy de derechas, y me acuerdo de que estaba la típica señora de Valladolid que decía: «Ahora cuando gane Rajoy le voy a escribir una carta diciéndole que le quite las subvenciones a los titiriteros». Recuerdo que me salí de la *mani* y pensé: «Joder, esta gente vive en otro mundo». Luego llegó el 15M y me repoliticé, como todo Cristo, pero lo interesante vino después: cómo traduces esa repolitización y creas alternativas electorales es una cuestión larga y complicada…

**MARÍA A.** El otro día me reía viendo un vídeo de *El Intermedio*, uno en el que Gonzo va al barrio de Salamanca y la gente le decía: «Si yo sé que son unos corruptos, pero les he votado». Sabes lo que hay y prefieres votar al Partido Popular, pues eso es España, o gran parte. Lo pienso y me dan ganas de decir: «Hala, todo a la mierda, estoy a catorce mil kilómetros, con trabajo, el que esté en España que apechugue». Te sale eso. «Me cago en todo». Decepción. Decepción.

**CLEMENTE** En todos los Gobiernos y en todos los países hay corrupción. En mi país, si vas a una mesa de un funcionario hay que dejarle algún dinero. Aquí roban los de arriba y pagamos los de abajo porque tenemos que tener nuestros impuestos al día. Ahora están detectando muchos casos de corrupción, pero yo creo que no deberían quejarse mucho porque tienen de todo. En veinticinco años que llevo aquí he vivido muy bien: tienen todo muy organizado, el cobro de impuestos, limpieza, Sanidad, Hacienda, transporte... Han saltado muchos casos de corrupción en el partido de Rajoy, pero es que, ¿dónde no hay corrupción? Él no puede tener control de todas las regiones. ¿Quién es honesto cuando ve mucho dinero?

**PILI** Cuando se fueron a Canadá le dije a Soraya: «Le voy a mandar una carta a Rajoy». Se dicen tantas cosas cuando te tienes que separar… Le pondría que es un traidor. Le pondría lo dolida que estoy, que como madre no hay derecho a esto. ¿Cuántas madres hay en España con el corazón partido por la mitad? Unos están en Inglaterra, otros en Alemania, otros más lejos aún. Si hubiesen tenido trabajo aquí no se habrían ido. Este Gobierno nos roba a los hijos y a los nietos. A ver, no me han robado a mi hija y a mis nietas, me han robado momentos. Los han echado, los han obligado a irse. No saben, son tontos, están dejando escapar talentos como Ernesto y Soraya y tantos otros que yo no conozco. Hay que decirle a Rajoy: «Usted es imbécil. No sabe lo que está perdiendo».

**SORAYA** No me gusta centrarme en quién es el culpable de que hayamos tenido que emigrar, no es constructivo para mí, para buscar mi camino, pero en realidad sí creo que hay culpables. Creo que la clase política no lo ha hecho bien. No culpabilizo al país, casi lo contrario: España ha invertido mucho en formarnos, y en el momento de recoger los frutos de lo que había sembrado esos frutos se van porque no hay dinero para seguir cuidando el jardín. Yo soy una persona bien formada que podría pagar muchos impuestos, pero los voy a pagar en Canadá. Hacia la clase política sí tengo resentimiento. Creo que ha habido gente muy avariciosa.

**CINTIA** Admiro a la gente que se ha ido, ha hecho su vida, se ha atrevido... Un par de huevos ahí. Han tenido los cojones que no tuve yo. Los emigrantes no son los culpables de mis circunstancias, solo puedo sentir admiración por la gente que se ha ido. Los que son culpables son los políticos. Siento que mucho de lo que me ha pasado es culpa del Gobierno, de su mala gestión. Y la gente sigue votando al PP. Antes estaba muy implicada en política, pero siento que la política me ha fallado. Ahora lo que pienso es: «Primero tengo que arreglar mi vida, luego ya intentaré luchar por lo demás».

**BERNI** Yo estaba muy inmerso en mi propio problema como para buscar soluciones más amplias. A pesar de haber estudiado Filosofía y Políticas, nunca me he implicado. Me he informado, hablas de política con los amigos, pero he sido siempre más académico que participativo. Como anécdota me viene a la mente una huelga general en 2012, nosotros ya estábamos con el agua al cuello y recuerdo que vinieron varios piquetes a cerrarnos la tienda. Mi madre se puso delante de la puerta: «¡A mí no me cierra nadie el negocio, yo abro porque me da la gana, soy autónoma y sufro...!».

**EVA** Estaba tan implicada en los problemas que teníamos en el negocio y con tal nivel de estrés y ansiedad que no daba para más, teníamos que luchar día a día y todo aquello me fue un poco ajeno. Además no estaba enfadada con nadie, no estaba enfadada con los políticos... no me gusta echarle la culpa a los demás de los problemas que tenemos cada uno. Es cierto que todo fue provocado por la crisis, pero en nuestro caso creo que el negocio hubiese desaparecido de todas las maneras. Lo fácil es echarle la culpa a los demás, pero yo prefiero hacer autocrítica. Todos tenemos responsabilidad de lo que pasó, creo que vivíamos en una burbuja. La gente pedía créditos para irse de vacaciones... No todo el mundo, pero se vivieron años buenos, y bueno, si la gente pedía créditos también era porque los bancos los daban sin tener en cuenta los riesgos. Era un poco, no sé qué palabra utilizar... un despropósito todo.

**CARLOS** Lo de que hemos vivido por encima de nuestras posibilidades es una bola de campeonato. Eso es para ocultar que los políticos han sido unos sinvergüenzas, que han robado. Es su excusa. ¿Tú quién eres para decir eso? Yo no me he comprado un aeropuerto, ni me he hecho una línea de AVE. Ellos sí, y encima se han llevado dinero. Ellos son los que han encarecido el suelo, los pisos, todo. ¿Nosotros qué vamos a vivir por encima de nuestras posibilidades? Cuando ha habido más dinero lo ha ganado el que más tenía. Y cuando no lo hay, lo sigue ganando el mismo: el que más tiene.

**MARÍA DE LOS ÁNGELES** «¡Es que todos en España querían tener un piso!», decían. Pero es que claro, en algún sitio tienes que vivir. Y si resulta que no hay un sistema de alquileres adecuado y que tienes que pagar lo mismo por un alquiler que por una hipoteca, pues inviertes en una hipoteca, como hicimos nosotros. Eso no es vivir por encima de tus posibilidades.

**CARLOS** Nosotros nos hemos privado de muchas cosas para que tanto Laura como nuestro otro hijo pudieran estudiar. No hemos hecho grandes viajes, ni tenemos coches lujosos ni chalés. Tenemos una vida normal. Yo he tenido periodos que he trabajado y otros que he estado en paro, pero siempre hemos tenido un pequeño *colchoncico*, de eso que vas ahorrando para momentos como este. Ahora están los dos fuera estudiando y es un dineral cada mes.

**JORGE** María entrevistó al embajador de España en Perú hace tiempo, y el tipo le dijo: «¿Crisis? Bueno, tampoco hay crisis, tampoco se vive mal». Claro, para la gente que está en el percentil alto no ha sido una década perdida en absoluto, de hecho lo van a recordar como una época dorada. En los últimos años se han batido récords de venta de coches de lujo. Esa gente va a decir: «Hostia, ¿te acuerdas entre 2005 y 2015? ¡Joder, qué tiempos! Ja, ja, ja». Qué cabrones.

**BERNI** No se puede apuntar con el dedo a uno o a dos grupos. La gestión de la crisis ha sido bastante mediocre, se han juntado tantos aspectos... En mi caso, una parte de la culpa fue nuestra por una mala gestión, pero creo que la mayor parte de la culpa fue la situación en España. Culpar a una institución... no. La responsabilidad habría que repartirla entre muchos: la situación política con Zapatero, un rescate encubierto, Rajoy y sus recortes… Pero más allá de eso, fue un colapso de la economía mundial. La realidad fue que la crisis nos llevó por delante.

**PILI** Siento que la clase política le ha fallado a mi hija y a toda esta generación, pero yo como madre siento que también. A lo mejor he sido pesada, les decía: «Que sí, que tienes que estudiar…». O a la hora de independizarse: «Lo mejor es que te compres una vivienda porque tener un techo propio es lo mejor, un alquiler es tirar el dinero…». Hoy en día no insistiría. Hoy ya no. Siento como que les he contado una mentira. Les he vendido una moto a mis hijos. En mis tiempos funcionaba «más o menos», pero ahora no funciona que estudies, ni funciona que tengas una vivienda propia. Me di cuenta de todo esto un poquito después de que se fueran.

Mi otro hijo está en Torrejón, tiene trabajo, se ha independizado, pero veo que llega muy justo a fin de mes. Ahora les diría: «Sí, trabajad para vivir, pero divertíos, id al teatro, id a la ópera». Que se permitan algún capricho. Que no son caprichos, es cultura.

**LAURA** Cuando vi los resultados de diciembre mi primera reacción fue enfadarme. En realidad fueron mejores de lo que esperaba, porque yo esperaba una victoria aplastante del PP, pero aun así pensé: «No puede ser que después de la legislatura que hemos tenido sigan teniendo tantos millones de votos». Hay mucha gente que no ha hecho una reflexión crítica sobre lo que ha pasado, o que vota al PP o al PSOE como quien es del Madrid o del Barça: «Yo siempre he votado a este y voy a seguir haciéndolo». Me parece una falta de responsabilidad. Ahora veo la situación con escepticismo: con esperanza por un lado, porque hay nuevas fuerzas políticas y se ha roto un poco el bipartidismo, y con escepticismo por ver si realmente cambia la cosa, que no estoy tan segura.

**BERNI** Ya era hora de que se rompiese el duopolio en la política española. ¿Ha creado inestabilidad? Sí, pero creo que es parte de la madurez de un país. El proyecto democrático en España es muy joven y es parte de su aprendizaje. Creo que los partidos nuevos se mantendrán, quizá no con la presencia que tienen ahora, pero están para quedarse.

**MARÍA P.** Cuando salió Rajoy otra vez me dio mucha lástima. Me pareció frustrante, decepcionante, pensé: «Somos tontos». Con todos los recortes y esta gestión que ha habido, que en mi opinión no ha sido buena por parte de ningún partido político, volvemos a votar al mismo partido y a la misma persona... Bueno, tampoco puedo decir mucho porque yo no he votado. El día de las segundas elecciones estaba en España, no podía votar allí porque ya estoy censada aquí, pero podría haberlo arreglado, no es una excusa. Igual que digo que estoy decepcionada con los que siguen votando al mismo, estoy decepcionada con los gilipollas como yo que no hacemos nada. ¿Y si fuésemos a votar todos los que no hemos ido? Seguro que todos estamos pensando: «Bah, si un voto...».

**ERNESTO** En diciembre pudimos votar, pero en junio pedimos todo y no nos llegaron las papeletas. Siempre con el voto rogado, porque estamos registrados como residentes permanentes en el extranjero (CERA). La solicitud que mandamos por fax no la recibieron o no quedó grabado o no sé qué... Lo que conseguimos es que alguien nos donara el voto. Es una cosa que había visto a través de Marea Granate o en las redes sociales, y consiste en ponerte en contacto con gente que piensa abstenerse, pero que dice: «Yo no voy a votar, pero si alguien me quiere decir a quién votar, yo voto por él y ya está». Había una amiga que me lo habría ofrecido, y luego en Facebook lo puse y alguien votó por Soraya. Nos mandaron una foto cuando fueron al colegio electoral.

**MARÍA A.** En las elecciones de junio votamos otra vez por correo. Ese día nos juntamos con un grupo de españoles y se nos puso a todos la misma cara de imbéciles. Quedamos en un *hostel*, una chica que está allí nos dijo: «Aquí hay una sala disponible, veníos acá y lo vemos [el recuento]». Agarramos un proyector del trabajo de Jorge, lo conectamos a un ordenador y pusimos La Sexta. En diciembre lo vimos en un bar que se llama El Coruñés, donde los tipos eran gallegos. Tenían Televisión Española puesta y como la retransmisión fue tan horrible, dijimos: «Nunca más». Estuvimos quince o veinte, pedimos unas *pizzas*... Se nos quedó cara de idiota porque esperabas que Podemos hubiera obtenido mejor resultado, pero también por el cabreo de decir: «¿Cómo puede subir el Partido Popular? ¿Qué hemos hecho para merecer esto?». Un amigo arqueólogo que vino aquí con una beca y ahora está buscando trabajo se empezó a desesperar y me decía: «No vamos a poder volver nunca, María». Y yo le decía: «Venga, que sí, que las cosas cambiarán». Si yo no digo que si gana Podemos y me vuelvo a España de repente todo vaya a ir bien, pero da mucha rabia ver en lo que se ha convertido la política en España.

**LAURA** Me metí en Marea Granate en 2015, los conocí en una manifestación por el voto rogado. En aquellas elecciones [las autonómicas y locales] no me quedé sin votar de milagro, las papeletas me llegaron con el tiempo justo y además me faltaban algunas. Me faltaba la de Ahora, un movimiento que había salido en mi pueblo, y la de algún partido como PACMA, dos o tres de los pequeños, pero que si les quiero votar estoy en mi derecho.

**JORGE** No conozco a ningún emigrante que sea del PP. No conozco a nadie que se haya venido en estos cuatro años que te diga: «No, no, yo he votado al PP y me parece guay». Ni al PSOE. Bueno, alguno: «Yo he votado al PSOE, pero ahora no». Todo el mundo que viene creo que es consciente de que la situación en la que está es posible por una serie de decisiones políticas. Es más, tenemos colegas que tienen movidas de la hostia con sus padres por el rollo político: padres que ven 13TV, gente que se ha pasado al lado oscuro de la fuerza y tiene problemas para encajar su realidad con el hecho de tener a su hijo viviendo a once mil kilómetros.

**CLEMENTE** La estabilidad económica ha ido cambiando. Con González era una cosa, con Aznar otra cosa, con Zapatero otra... Aznar fue lo mejorcito que hubo en España, la decaída vino con Zapatero. Yo no votaba, pero este año [diciembre de 2015] me dio la ilusión de votar. Voté por Rajoy porque no quería cambio. Rajoy lo está haciendo bien porque hemos salido de la crisis gracias a sus ajustes. No entiendo mucho de este tema, pero veo que no tuvo que ser auxiliado como otros países, hemos salido solos de la crisis. Los nuevos partidos solo piensan en el poder, llegar ahí y plasmar sus ideas ideológicas, y eso es un desbarajuste tremendo. Cuando el Partido Popular ha estado en el Gobierno he estado bien yo, particularmente yo. Había mucho trabajo, los negocios funcionaban... Voté porque quería continuidad.

**ERNESTO** La broma que siempre hago desde que ganó el PP es que, como mínimo, nos quedan cinco años más en Canadá: cuatro años del Gobierno del PP, y si después sale otro Gobierno tendremos que darle al menos un año para que arregle la situación económica y vuelva a haber trabajo. Es una broma, claro. Si ahora mismo hubiese un Gobierno de izquierdas no quiere decir que yo mágicamente vaya a encontrar trabajo en quince días.

**JORGE** Yo de España tengo una foto fija que acaba en abril de 2013. Sigo las noticias, pero de alguna manera me he quedado atrás. Cuando hablo con mis colegas me dicen: «Hay una sensación más de optimismo, parece que hay una cierta recuperación», y yo digo: «¡No, no, hay una devaluación, lo que pasa es que no os dais cuenta...!». Me pongo como muy abuelo. Aquí me pasa un poco lo mismo, nos decía un uruguayo: «Joder, sois como mi abuelo, macho. Os juntáis cinco o seis y estáis todo el rato: "Joder, Rajoy, mira lo que ha hecho..."». Repetimos un poco los esquemas de los viejos emigrantes republicanos.

**MARÍA P.** Mi padre está muy quemado. El otro día me escribió porque le dije que íbamos a hablar de política, y me dijo: «Te voy a decir lo que tienes que decir». Te lo voy a leer [busca los mensajes en el móvil]: «Dile que estamos en manos de unos incompetentes que deberían dedicarse a otra cosa, ni han sabido ver la crisis que se nos venía encima ni han sabido gestionarla, pero sí enriquecerse ellos y sus amigos con información privilegiada y a veces robando dinero público».

**MARÍA A.** Mi madre es del PSOE de toda la vida, y en las elecciones de diciembre votó a Podemos. No sé si de repente está tan convencida de que Pablo Iglesias lo haría bien, pero sí sabe que las cosas así no van bien y dice: «Igual esta gente tiene ganas y quiere hacerlo de otra manera, vamos a darle nuestro voto de confianza...». También influye que tu hija se haya tenido que largar.

**CARLOS** Hay un refrán que dice que a los dieciocho años se suele ser de izquierdas y conforme vas avanzando te vas haciendo de derechas. Nosotros éramos de izquierdas, pero cada vez somos más de izquierdas.

**MARÍA DE LOS ÁNGELES** Nos han influido mucho nuestros hijos, no solo por la situación que están viviendo, sino porque son personas que se interesan por la política. Nos han abierto los ojos ante ciertas cosas. Aquí la gente está acostumbrada a agachar la cabeza, al servilismo. A veces pienso que los que no se enteran de nada son más felices, que cuando sabes lo que realmente pasa, te frustras. Hay gente que piensa: «Mientras me pueda comprar un coche y tener la nevera llena, no quiero saber nada». Esa gente vive muy tranquila.

**ERNESTO** Desde enero hasta ahora, no sé si por las elecciones, la confrontación política es tan cotidiana que al final llega un momento que dices: «Mira, déjame». Cuando hablo de política en Canadá lo hago poco y sobre todo con compañeros de trabajo que son de España. Con otra gente es más complicado porque los amigos que tenemos vienen de países como Irán o Brasil, y si les hablamos de problemas políticos nos pueden decir: «Cuando quieras hablamos de los míos». Coincidimos con ellos en el parque, y en ese momento preferimos disfrutar de lo graciosos que están nuestros hijos jugando juntos que de cosas que nos van a producir una úlcera gratis.

**JORGE** Siempre me acuerdo de una anécdota de una de las primeras asambleas del 15M en las que estuve. Había un montón de gente en mitad de la plaza y ha bía dos ancianitos, un señor y una señora, que se pararon a mirar. Y de repente ella le dice a él: «¡Vámonos, vámonos, que esto es política!», estaban acojonados. Tienes a la generación de nuestros abuelos, a los que les enseñaron que hablar de política en la calle es el mejor pasaporte para que te pase de todo. A la de nuestros padres, a los que les dijeron: «Mirad de dónde salimos, y hemos llegado al final de la historia, a la España democrática y tal». Y luego tienes a nuestra generación, que ve cómo se acaba un mundo y empieza otro.

**MARÍA P.** Formo parte de esa generación que llaman perdida, pero yo me he salvado de los perdidos, otros se han quedado por el camino. Porque no han tenido la suerte de encontrar algo o porque no han querido, porque en su casa estaban muy cómodos. «¡Alemania necesita ingenieros! ¡Qué suerte, eres uno de ellos!». Sí, estoy aquí, pero porque me lo he currado, no porque me lo regalasen. Adoro León y me encantaría vivir en León, y ojalá un día vuelva. O no, no lo sé. O sigues para adelante o te asfixias. O estás en la generación perdida. Qué frase, eh, «la generación perdida». Es fantástica.

# SKYPE

> Pero hay que tener el corazón en lo alto, hay que izarlo para que no se hunda, para que no se nos vaya. Y para no ir uno, uno mismo, haciéndose pedazos.
>
> — María Zambrano, «Amo mi exilio» (*ABC*, agosto de 1989)

**JORGE** Hay una cosa que me contó un colega: el síndrome del teatro vacío. Es esa sensación que tienes cuando haces una obra durante dos o tres años, y de repente un día vuelves y no está el público… Están los decorados, hay cosas reconocibles, pero de alguna forma no es el mismo sitio. No es tu ciudad. Por experiencia propia sé que lo reconstruyes, que en el momento en el que pasas el suficiente tiempo vuelves a conectar con la gente, pero siempre está ahí la sensación. Si tú has estado siempre en el mismo sitio creo que vas a tener un arraigo, una imbricación muy fuerte con ese lugar. Si has vivido en diferentes lugares tienes una cosa buena, y es que de alguna manera tienes muchos sitios donde te puedes llegar a sentir un poco como en casa. A la vez eso se va diluyendo, como que se va comiendo ese arraigo que tienes con tu ciudad natal. Es una especie de maldición del emigrado.

**ERNESTO** Hay algo a lo que le estoy dando muchas vueltas últimamente, y es que mis amigos me mandan fotos de Alcalá, de la plaza, y me dicen: «¿No te gustaría estar ahí?». Y miro todo eso y no siento morriña. Es raro. Es como si sintiese que el mundo es muy grande y Alcalá muy pequeño. Echo de menos las piedras, las ruinas…, pero no echo de menos mi ciudad en sí. No es desprecio, no sé si es resentimiento o algo escondido que todavía no ha terminado de salir. No sé si algún día saldrá todo y me pondré a llorar y a pegar patadas. Pero sí me llama la atención que no sienta nada por el lugar en el que me he criado. Y tampoco estoy orgulloso de ello, claro, ni contento.

**MARÍA P.** Hace diez años que me fui a la universidad y mi padre no lo entiende todavía, tiene ese sentimiento de que siempre me tiene que proteger. No creo que sea por ser chica, sino porque mi carácter es de otra forma: mi hermano se fue de Inter Rail dos semanas y nos llamó un día de milagro. Ahora se va a la universidad y mis padres tienen claro que no van a saber de él. Yo hablo con mis padres todos los días. Me levanto por la mañana y cuando no estoy en casa le doy los buenos días a mi novio y a mi padre. Y todas las noches. Si no lo hago, piensa que me ha pasado algo. Tiene su parte buena y su parte mala: la buena es que saben de ti, que sigues en contacto. Yo lo necesito y ellos también. La mala es que les das la impresión de que necesitas que estén ahí.

**BERNI** Siento que soy santanderino, pero no tengo un sitio al que ir. Cuando vamos a Santander nos quedamos en casa de Pedro, mi suegro. Es muy raro. La casa de mi madre tuvimos que venderla… Cada vez que pasas por allí se te mueve un poco el ojo izquierdo [hace el gesto de mirar de reojo]. En Madrid están mi hermana, mis sobrinos, mi cuñado, mi padrastro y mi madre, pero no es lo mismo: su casa no es su casa, es la casa de Ramón, que se casaron en 2012. Si tuviese que elegir un sitio donde dijese «este es mi hogar», sería la casa de mi hermana. Pero no por ser Madrid, sino porque ella está allí.

**MARÍA P.** Mi cuarto sigue igual que el día que me fui a la universidad. Cuando terminé de estudiar puse los apuntes en una librería y siguen ahí. Cuando voy a mi casa duermo en mi habitación, con mis apuntes ahí, mi mesa de escritorio, mis bolis —la mitad rotos y la mitad mordidos— en el portalápices. Mis padres han renovado las camas, la mía y la de mi hermano, pero nada más. Mi madre cose, y a veces se pensó en usar mi habitación para eso, pero no hace falta, ella ya tiene un cuarto para coser… Creo que mis padres no harían eso.

**PETER** A veces pienso en mi madre, que últimamente está un poco más cansada. Trabaja más de doce horas al día para pagar una casa que ahora se intenta comprar, una de estas que tiene el banco, que las han embargado y como no se venden, bajan el precio. Su vida es levantarse, ir al trabajo, llegar de madrugada a casa y ya está. Hay veces que no tiene ni días libres. Yo me pongo a pensar: «Ahora mismo estoy trabajando ocho horas, a veces me quedo una hora extra porque me necesitan, pero tengo días libres, me pagan lo suficiente para poder sobrevivir aquí, no me tengo que preocupar por nadie, estoy de puta madre…». Pero mi madre tiene que estar sufriendo con cincuenta y seis años y todavía trabajando doce horas.

**LEONOR** En la época en la que me quedé en paro me peleé con todas mis amigas, me sentía muy incomprendida. Me parecía que no entendían mi situación, que era dramática. En realidad no era tan grave. Estaba claro que iba a encontrar trabajo, pero en aquel momento lo viví muy mal. Yo debía de estar insoportable, así que era normal que se pelearan conmigo. Tenía una energía bastante negativa.

**ERNESTO** Nunca me sentí humillado por hacer salchichas. Al fin y al cabo, si mis hijas necesitan que me pase toda la vida haciendo salchichas para que salgan adelante, pues lo hago. No se me caen los anillos.

**LAURA** Mis padres me dieron un dinero al principio y he conseguido que me sobre bastante. No paso hambre, pero no me voy de fiesta ni de viaje, ni tengo grandes gastos. Voy controlando mensualmente: divido el presupuesto y si un mes estoy gastando más, intento recuperarlo al mes siguiente. Lo apunto todo, los cafés también, ¡si te cuestan cinco euros! Lo escribo en un Word y así puedo calcular cuánto he gastado, cuánto he ganado cuidando niños y hago un poco de balance: «Tengo que recortar aquí, adiós a los cafés de la universidad, no puedo permitirme ir a una exposición este mes». El otro día me vio mi madre haciéndolo y dijo que mi abuela hacía lo mismo.

**ERNESTO** Ahora que lo pienso, sí que me sentí un poquito humillado alguna vez. En la empresa cárnica, cuando haces la mezcla de carne le pasan el termómetro unas cuantas veces para testarlo. En caso de que no supere la calidad, se tira. Para no parar todo el sistema de trabajo, meten todo eso en los típicos cubos verdes de basura, así grandes y altos. Había una sala con cuarenta o cincuenta contenedores, y a lo mejor hasta cuatro días después, hasta que no estuviesen todos llenos, no se vaciaban. Hubo veces en que me tocaba ir con palas a sacar esa mezcla de carne y grasa, que ya estaba podrida y olía como no te puedes imaginar. Sale agua putrefacta, está verde, es horrible. Y te metes en la ducha y no sale el olor por mucho que te empeñes y de repente dices: «¿Qué cojones estoy haciendo yo aquí?». Lo primero que hacía al llegar a casa era ducharme. Las niñas venían hacia mí gateando, o Soraya me quería dar un beso y yo le decía: «Todavía no». Me sentía muy sucio.

**SORAYA** Intentaba desahogarme con otras personas que no eran parte implicada de mi relación con Ernesto. Lo difícil para él es que se sentía también responsable de darme una solución. Los papeles estaban tardando y él no podía hacer nada, vivíamos en un sitio en el que estábamos un poco incomunicados y él no podía hacer nada. Algún día me gustaría escribir algo sobre el bien que le hace a una pareja cuando le dices a la otra persona: «Necesito hablar, lo mejor que puedes hacer ahora mismo por mí es escucharme y asentir». Y así lo hacía muy bien, porque si no el pobre me decía: «¿Y qué quieres que haga?». Si de antemano le decía: «Voy a hablar, no sé lo que voy a decir, no te tomes nada a mal, simplemente escúchame», él estaba más preparado.

**ERNESTO** Alguna vez soñé que me invitaban a una fiesta y que la única comida que había era carne, salchichas y hamburguesas. No eran exactamente pesadillas, pero sí muchos sueños en los que estaban muy presentes la carne, la pala, las carretillas…

**BERNI** La liquidación empezó en noviembre. El segundo día vino una chica de un comercio de la zona y nos dijo: «¿Qué pasa, que no paro de ver vuestras bolsas naranjas por toda la ciudad?». Fue brutal, *El Diario Montañés* nos sacó un artículo... Cerramos el negocio la primera semana de febrero y no quedó nada. Nada. Se vendió todo. La gente se volcó, tuvimos clientes llorando, gente que vino a contarnos sus historias, que se acordaban de cuando sus padres o abuelos les compraban los juguetes en San Carlos... Eso te da mucha fuerza, pero también piensas: «Joder, podríais haber venido antes».

**CINTIA** Yo toco el saxofón. Bueno, tocaba el saxofón... Lo toco realmente cuando me siento fatal y no sé por dónde ir, no sé qué hacer... Cuando estoy hundida y necesito desahogarme es cuando lo saco y toco algo de Kenny G. o improviso. La última vez que lo toqué me di cuenta de que había perdido mucha agilidad. Cuando fui a guardarlo pensé: «Tengo que tocarlo más porque se me está olvidando todo».

**BERNI** En las primeras semanas de la liquidación conseguimos pagar las nóminas y ponernos al día con la mayoría de los proveedores. Había gente a la que se le debía más, cinco o seis meses de sueldo, al que podía aguantar le achuchamos un poquito más... En diciembre de 2012, casi en Navidad, el Gobierno cambió las condiciones para poder acceder al FOGASA[1] y de repente no teníamos derecho a esa garantía a pesar de que habíamos pagado por ella. Contábamos con ello para pagar las indemnizaciones... La reunión con los trabajadores fue jodida. En el proceso de cierre de la tienda

1. Fondo de Garantía Salarial, organismo del Ministerio de Economía y Seguridad Social que cubre parte de las indemnizaciones cuando el empresario no puede hacerse cargo tras el cierre de un negocio.

escribí un diario. Necesitaba expulsar todo de alguna manera, y también quería que en el futuro pudiese volver a recordar. Te quedas sin palabras, se te seca la boca mientras escribes. Menciono mucho al personal, lo difícil que es afrontar el fracaso, aunque parte de la culpa del cierre se debiese a la realidad del país... Si no tienes para comprar pan, menos un juguete caro, porque barato no vendíamos.

**CONCHI** Después de lo que pasó con mi primer marido, llegar un 23 de diciembre y que me dijese que estaba con otra mujer, me había prometido no ir a Canadá en Nochebuena nunca más. Pero este año lo hice, me lo propuse yo misma. Fui después de las elecciones, quería votar a Podemos[2]. Iba en el avión y no dejaba de pensar en todo lo que me había pasado. Cuando fui la primera vez el vuelo era directo, pero ahora tenía que hacer muchas escalas. Son muchas cosas las que se te vienen a la cabeza. Hace poco me decía una amiga: «Si pudiésemos regresar a cuando teníamos treinta años...». Y digo: «No, no, yo no querría regresar, qué pereza. Otra vez pasar por todo eso».

**ERNESTO** La historia de mi madre en Canadá no la supe en profundidad hasta que tuve dieciséis años, pero desde pequeño sabía que para ella juntar las palabras Canadá y Navidad era muy, muy duro. Por eso cuando en agosto de 2015 nos dijo que estaba pensando en venir a Toronto a pasar las Navidades nos pareció muy bonito, pero no la creímos. Pensábamos que no iba a ser capaz, que llegado el momento no se atrevería. Le decíamos: «Si quieres venir, ven, por supuesto».

2. Elecciones del 20 de diciembre de 2015.

Pero no teníamos muchas esperanzas. Pero mira, compró el billete, de perdidos al río, y se plantó aquí. Quería besar a sus nietas. Tantos años después había sido capaz de enfrentarse a su miedo, de vencerlo, por amor a su familia.

**JORGE** En estos cuatro años no he ido a casa en Navidad. Siempre he sido un firme creyente de que gran parte de la felicidad familiar viene de no pasar las Navidades juntos. Según mi experiencia, el 90 % de la gente tiene movidas y está con gente con la que no quiere estar. Además, en Navidad aquí es verano. Eso sí que ha sido un choque, que sea 25 de diciembre y te puedas ir a la playa.

**MARÍA A.** Es raro estar en agosto y que haga frío, pero se hace mucho más raro ir al supermercado en diciembre en manga corta, con un calor del copón, y encontrar turrón por todos los sitios. Es surrealista. Aquí diciembre es muy de joda: se juntan las vacaciones de Navidad, el verano, que los niños acaban el colegio... En España es una fiesta más familiar, pero aquí es como que acaba un ciclo. Uruguay se transforma en verano.

**BERNI** Las Navidades se hacen duras, y más trabajando en comercio, porque no nos podemos mover de aquí. Pero en Londres son una maravilla, la ciudad se transforma a partir de octubre, ¡el lunes [día 17] empezamos a poner ya el escaparate de Navidad! Pero de la misma manera que empieza pronto, termina pronto: el pasado 24 de diciembre me tocó trabajar hasta las cuatro de la tarde, y al terminar empezamos a quitar el escaparate y la decoración navideña, y dije: «¡Pero si no ha terminado todavía!».

**MARÍA P.** El año que estuve en Inglaterra pasé la Navidad en Londres, no pude irme a España. Fue muy duro porque en Nochebuena yo estaba colocando calzoncillos a las diez de la noche y me llamó mi padre con toda la familia en casa de mi abuela. Lo típico que están de cena y te pasan a toda la familia. A mí se me caían los lagrimones, además soy superfamiliar. «Mi primera Navidad fuera de casa, me muero», pensaba. «Qué hago yo aquí, dónde me he metido». Salí del trabajo y me fui a casa. Cené con los compañeros españoles que se habían quedado, cocinamos algo cada uno, decoramos la casa… Lo hicimos un poco más acogedor. En Nochevieja nos fuimos al Big Ben y vimos los fuegos artificiales. Nos comimos las uvas con nuestras familias una hora antes, por el móvil. En Reyes fui unos días a España y en febrero pasó lo de mi abuelo.

**LAURA** Como dijo una compañera que no pudo ir a España en Navidad y vino su familia a visitarla: «A la familia y a los amigos no se les echa de menos solo en Navidad, sino todos los días». En los cumpleaños o celebraciones no estás, te ponen el Skype y es un poco frío. Lo noto cuando voy allí, no tanto con mi familia, pero sí con mis amigos: intentas visitar a todo el mundo, hacer miles de cosas en poco tiempo y no lo disfrutas de la misma manera… Te falta la cotidianidad, la relación normal de todos los días.

**CARLOS** Nunca te acostumbras a que una hija esté fuera. Te vas adaptando, pero al principio es difícil. Te sientas a comer y ves que falta Laura. En fiestas, en Semana Santa... Menos mal que en Navidades y en verano viene. Son detalles mínimos diarios.

**MARÍA DE LOS ÁNGELES** Cuando ella viene está muy a gusto, y nosotros también, pero yo la veo que empieza a estar desubicada aquí, porque todas sus relaciones ya están fuera.

**EVA** Cuando llegué sentí que la ciudad me daba la bienvenida. Creo que hay tantísimos extranjeros en la misma situación que la gente se pone en tu lugar. En cuanto al clima y la comida… no he tenido mucho problema. Quizá que en invierno anochezca a las cuatro de la tarde sí sea una pega. Bueno, estoy tomando vitamina D, tengo bastante déficit por la falta de sol… Por lo visto la tenía por los suelos.

**BERNI** Nunca me había sentido rechazado en ningún país hasta el *brexit*. Un día después del referéndum fuimos a tomar unas cervezas a un *pub* en Chelsea, que es como el barrio de Salamanca de Madrid. Había una australiana, un americano, un inglés, varios italianos y yo. Yo me marché antes, y cuando llegué a casa miré el teléfono y vi un montón de comentarios en Facebook de los amigos con los que había estado. «A este *pub* no vuelvo», «increíble que esto pase en Londres». Al día siguiente me contaron que un grupo empezó a gritar cánticos racistas hacia ellos. La chica australiana habló con el mánager y el tipo le dijo: «Si os molesta, os vais». En el trabajo he tenido compañeros que han votado «leave» y han creado un ambiente muy raro. Muchos de sus argumentos no tienen ni pies ni cabeza, en plan: «Londres está perdiendo su esencia». ¿¡Qué me estás contando!? ¡Y encima me lo dice un chino, que sus padres emigraron en el año setenta y pico! ¡O me lo dice una irlandesa, que sus padres emigraron en busca de un futuro mejor para ellos y para sus hijos! ¡O una japonesa, que sus padres emigraron no sé qué año...!

**PILI** En octubre de 2015 fui a Canadá. Me quedé dos meses y medio. Soraya, al irme, me decía: «Cómo te voy a echar de menos, porque ahora contigo me quedo en la cama un rato, me levanto y las niñas ya están peinadas y desayunadas...». Como son tan pequeñas no hablan muy bien, a mí me llaman «yaya Pipi». «Yaya Pipi, ¡ya es de día!», y entonces yo entendía que teníamos que ir a desayunar. Y Ernesto antes de irse a trabajar nos preparaba un café. Y Soraya se quedaba en la cama. Yo esperaba a que se despertase ella sola. Para mí era un placer.

**CONCHI** He llorado mucho, pero creo que ya no tengo más lágrimas. Me estoy perdiendo ver crecer a mis nietas, las veo a través de una pantalla.

**ERNESTO** Cada vez que hablamos con mi madre por Skype, las niñas le piden que les enseñe al oso Pepe. ¿Y quién es Pepe? Es el peluche que mi padre compró el día que yo nací. No sé quién decidió que se llamara así, quizás yo. Cuando mis padres regresaron a España, en 1977, Pepe fue de las pocas cosas que trajeron. Dormía con él cada noche. Cuando me independicé, preferí que se quedara en casa de mi madre. Pepe lleva ahora un jersey con la bandera de Canadá y vive en una estantería en la que tengo mi colección de Tintín y Astérix. Cuando fuimos a España[3], Amelia y Victoria encontraron a Pepe, y aunque acababan de conocerle, se pusieron a jugar con él como locas. Incluso le pidieron una tirita a mi madre para «curarle» un agujero que seguramente le hice yo, mordisqueándolo

3. En abril de 2016, Ernesto, Soraya y sus hijas estuvieron de vacaciones en España después de tres años en Canadá.

cuando tenía la misma edad que ellas. Desde entonces siempre le piden a la abuela que lo enseñe. Es curioso: cuando yo era un niño aquel oso era el recuerdo constante de mis raíces canadienses, y ahora para mis hijas es uno de los símbolos que más les ayudan a conectar con su familia en España.

**SORAYA** Skype está muy bien y creo que tenemos mucha suerte, pero… echo de menos abrazar a mis amigas, echo de menos cuando te estás tomando un café con alguien y te agarran la mano. Todo eso lo echo de menos. Cuando te esfuerzas por estar positiva para que las cosas vayan bien te guardas cosas que en algún momento tienes que sacar.

**LAURA** WhatsApp no tengo. Tengo un móvil de la Edad de Piedra por voluntad propia y de momento así voy a seguir. Con mis padres hablo por Skype; con mi hermano, por Facebook; con mis tías, por *e-mail*, pero como no tienen internet en casa pues de uvas a peras, cuando van a la biblioteca. Y con mi abuela ha coincidido un par de veces que estaba hablando por Skype con mis padres y ha llamado ella a casa, y entonces me han puesto el teléfono al lado del ordenador y hemos hablado un poco.

**CARLOS** Gracias al Skype y todo eso puedes hablar con ella todos los días si quieres, pero no puedes estar allí… ¡y darle un abrazo! En París hay mucha contaminación, ella tiene alergia…

**MARÍA DE LOS ÁNGELES** …y si un día ella está mala o se encuentra un poco así por lo que sea, no puedes ir a ayudarla. Por mucho que estés a dos horas de avión. Es lo más duro.

**JORGE** Mi hermano lo dejó con su pareja después de muchísimo tiempo y ahí tuve un momento de desarraigo importante. Un amigo al que quiero mucho tuvo un brote psicótico y yo no estaba ahí. Estuvo muy jodido en el hospital. Mis colegas del equipo de baloncesto hicieron una reentrada en el mundo del deporte y juntaron al equipo veinte años después, y ahí el que faltaba era yo. Lo que habría dado por estar ahí en todos esos momentos… O estar en Valladolid e ir a comer los sábados con mi madre. Esas cosas se echan de menos. Me pongo sensible y lloro como una Magdalena en los cumpleaños de la familia, no en los míos. Cuando es el cumpleaños de mi madre o de mi padre. Me gustaría estar ahí, en la cocina, preparar la tarta con mi hermano... Se te cae el alma a los pies. Dices: «Quiero daros un abrazo, daros un regalo y pasar el día con vosotros». Es el único momento en el que hago crac.

**ENRIQUE** Cuando quería ir a España tenía varias opciones: cogía un coche, conducía doscientos kilómetros y cogía un vuelo en el aeropuerto de Charleroi. A veces cuando conseguía ofertas volaba desde Luxemburgo. En ambos casos llegaba el viernes por la noche. Aunque iba con muchas ganas de hacer cosas, enseguida me sentía agotado. Me volvía el domingo por la tarde, eso significaba comer pronto y tener que irme casi corriendo al aeropuerto. Los fines de semana se me hacían cortísimos. Intentábamos concentrar un montón de actividades en muy poco tiempo, y a la vez teníamos la presión de la familia. Sobre todo por mi lado, porque claro, también querían verme. Juntar esas cosas era un rompecabezas que en algún momento ocasionaba un poco de tensión y estrés.

**JORGE** Esta mañana he pasado por delante del aeropuerto, era muy temprano y he visto despegar el avión de Iberia y me ha dado mogollón de pena de mí mismo.

**CINTIA** Con veinte años aún no había montado en avión. En McDonald's conocí a mucha gente, buenos amigos que me decían: «¿Te vienes a Madrid?». Y joder, yo nunca había viajado, no había cogido un avión, y ya en 2008 lo hice. Pensaba: «¿Estoy perdiendo mi vida?». Recuerdo que en una de esas, un amigo y yo pillamos un vuelo para ver a Laura Pausini en concierto, que me encanta. Mira, algo positivo de mi padre fue que mi regalo de comunión fue ir a un concierto suyo. Intentó que yo conociera a Laura Pausini, pasó la furgoneta y él empezó a llamarla: «¡Laura, Laura, Laura!». Como si no hubiera mañana. Nunca había visto a mi padre así. Sabía que me importaba e hizo lo posible para que se acercara. Aún tengo la camiseta de ese concierto. No la voy a tirar nunca. De 1996. 10 de mayo de 1996. Me entra muy justa, pero sí, me la pongo. La tengo rota por la axila.

**PILI** Cuando le sugerí a mi marido que fuésemos a Canadá, me dijo: «No, vete tú, ya iré yo solo en otro momento». Yo hubiese ido a Canadá con el mismísimo diablo. No quería ir sola, es mucho más duro. Me da pánico el avión, no tengo costumbre de viajar, ni sola ni acompañada. Lo pasé muy mal, muy mal. Recuerdo que pedí un taxi a las tres y media de la mañana para ir a la Terminal 2. Me sentía totalmente desamparada. Como que necesitaba que alguien me diera ánimos. Yo sabía lo que quería, pero tenía muchísimo miedo. Recuerdo que le dije al taxista: «Oye, deséeme suerte». Y dice: «¿Por qué?». Y digo: «Que llevo más miedo que once viejas». Y me dijo: «Mujer, no pasa nada, ya verá como todo sale bien». Tuve que hacer una escala en París, iba con los papeles en la mano y decía: «¡Toronto, Toronto!». Y me indicaban: «¡Por allí, por allí!». Luego en Toronto me retuvieron un montón de rato, yo me encogía de hombros porque no sabía lo que aquellos señores me estaban diciendo. Si no hubiese echado tanto de menos a Soraya y a las niñas, no hubiese hecho ese sacrificio.

# ¿VOLVEREMOS?

> A veces, la importancia del retorno puede pasar desapercibida, precisamente porque siempre contamos con él. Y cuando inesperadamente no podemos volver, aparecen el malestar y la añoranza. «Volver a casa». De hecho, esta expresión tiene algo de redundante, porque la casa se suele definir, justamente, como «allí a donde se vuelve». A casa no se va, se vuelve.
>
> —Josep Maria Esquirol, *La resistencia íntima* (2015)

**ERNESTO** Cuando estuvimos en España mi padre tuvo un trombo con principio de infarto. Estuvo ingresado cuatro días. Suerte que estuviéramos en España y pudiera estar allí con él, pero fue durillo tener que volverme. Fue un momento bastante jodido, pensaba: «Se van a morir. Un día mis padres...». Uf, no puedo. Sé que son mayores y que algún día les va a pasar algo. Por un lado, te sientes culpable porque dices: «Qué egoísta soy que mis padres me pueden necesitar», pero si dejo que ese pensamiento esté ahí todo el día voy a vivir jodido.

**MARÍA A.** Con mi madre tengo una relación especial porque mi padre murió cuando yo tenía tres años y el vínculo con ella es mucho más intenso. Lo ha sido todo desde que yo era pequeña. Es la parte que más me duele de estar fuera. Está a punto de jubilarse y noto que cada vez le cuesta más que yo esté fuera. Dice: «Ya queda menos para verte». Ella es consciente de que aquí tengo un buen trabajo, mejor que en España. Pero siempre está como: «Pero allí para siempre no os vais a quedar, ¿no?». Esa es la pregunta: «Para siempre no, ¿no?».

**JORGE** Antes de venirme para acá mi madre tuvo un tema de estómago y casi se muere, literalmente. Tuvo una operación a vida o muerte. Eso fue seis o siete meses antes de venirnos a Uruguay. Miré a mi hermano poco antes de irme y le dije: «Joder, si es que no sé si voy a salir por la puerta, voy a agarrar el avión y voy a volver a ver a mi madre viva». Podría ser. Ya me pasó en 2007, estando en Guatemala, que se murió mi abuela y no llegué a tiempo a verla. La quería bastante. Ahora a mis padres los veo bien, pero es verdad que no tengo la disponibilidad económica de decir: «Tengo en la cuenta los tres mil euros que me costaría un billete a España con dos días de antelación». A ver, si se da el caso saco el dinero de donde haga falta, pero es esa sensación...

**ERNESTO** Mi madre vive sola y ha tenido que pedir a la Seguridad Social el botón de asistencia que lleva al cuello por si pasa alguna cosa. Entiendo que a cualquier persona le puede dar un chungo en cualquier momento: te puede dar un ictus y ahí te quedas. Yo esta mañana le he dado un beso a Soraya de «luego nos vemos» y a lo mejor nos pasa algo y no nos vemos. Pero es una posibilidad mínima. Además, si le pasa algo a Soraya, en media hora me planto en cualquier parte de Toronto. Si les pasa a algo a mis padres, como mínimo tardo un día entero en llegar.

**LAURA** Pasa cualquier imprevisto o cualquier cosa y no lo tienes tan fácil como cogerte el coche y estar en un par de horas.

Un avión, por muy bien comunicado que esté, implica más dinero y más tiempo. En mi caso, pensar que irme es algo temporal sería engañarme. Como mínimo son cuatro años…

**MARÍA P.** El plan ideal sería volver dentro de cinco años. Diez en total… La idea es irnos a Barcelona con un trabajo que nos permita tener la misma calidad de vida que tenemos aquí. Christoph ha intentado aprender español, pero es complicado para él. Aunque en Barcelona el sector de la automoción es muy importante y puedes trabajar en inglés en una empresa como Audi o Seat... Tendríamos que tener un sueldo que a él le permita venir a Colonia un fin de semana sí y uno no para ver a sus hijos. Sus hijos son su prioridad y lo respeto. Si no fuese así, no estaríamos juntos.

**ENRIQUE** Ahora están aquí en Luxemburgo Leonor, Cristina y el bebé, y estoy contentísimo. Pero tengo todo el rato presente la fecha en la que se van a tener que marchar. Se acabará la baja de maternidad de Leonor y tendrán que volver a España porque ella se tiene que reincorporar al trabajo. Es como un reloj de arena que va cayendo... Mi esperanza es encontrar algo antes de que se vayan para poder volver. Que al menos tengamos esa luz al final del túnel.

**LEONOR** Nadie sabe qué consecuencias va a tener el desarraigo. Una cosa es un Erasmus, que es un año o menos, pero esto es diferente. Proyectarte toda tu vida en la otra punta del planeta... Habrá gente que lo lleve muy bien, yo no digo que no, pero muchas otras no lo llevan nada bien. La gente no sabe lo que es hasta que lo vive. Te dicen: «No, si ahí estás muy bien, con un buen trabajo, y ganas más dinero». ¿Pero tú sabes lo que es la soledad? ¿O lo duro que es aceptar que vas a vivir toda tu vida en otro país que no es el tuyo?

**MARÍA A.** Yo no me veo en Uruguay toda la vida. No sé si de repente va a ser otro país, pero también por lo pequeño que es o por lo lejos que está no lo veo como mi país para toda la vida. Esto es temporal, pero no sé cuánto es temporal: pueden ser diez años o cinco. De momento vamos camino de los cuatro.

**CINTIA** Irme ya me da igual. Me quedé para ayudar a mi madre. Y ayudar a mi madre también se convirtió un poco en una excusa: me daba miedo fracasar. Ahora creo que he superado eso, pero ya no sé si es el momento de irme. Yo lo que quiero es conseguir un puesto fijo para que no vuelva a pasarme nada. Saber que soy capaz de asumir todo lo que pueda venir.

**BERNI** Queremos tener familia en breve. ¿Dónde? Donde nos pille. Con nuestro salario ahora es inviable. No buscamos tenerlo todo, pero sí una cierta estabilidad y un nivel económico un poco mejor. En Londres todo es carísimo... Hay madres que renuncian a trabajar para cuidar a los hijos en casa y ahorrarse el dinero de la guardería.

**MARÍA P.** Cuando hablas de boda, niños, futuro... Christoph se estresa[1]. Mira que es alemán, pero eso de planear no le gusta. A mí me gustaría tener un hijo. Al menos uno sí, no te puedo decir cuántos. No me pongo un tope de edad; primero

1. Él ya tiene dos hijos de una pareja anterior.

quiero tener mi vida profesional hecha y quiero estar casada. A ver, no soy creyente ni practicante ni nada, pero me gustaría porque para mí es un vínculo, una promesa. Me gustaría dar a luz en España por el mero hecho de que mi hijo sea español. ¿Que se críe aquí o allí? Creo y espero que será en los dos sitios. Todo esto de irnos a otro país, además de darte mucha experiencia y hacer que lleguemos a fin de mes, hace que crezcas como persona, a ser más tolerante, a que hay millones de opiniones... Puedes estar de acuerdo o no, pero tu mente se abre.

**MARÍA A.** De momento no tengo nada claro que quiera ser madre. Bueno, tengo muy claro que si tuviera hijos, no los tendría aquí. No, no, no, ni se me ocurre. Aquí estás muy sola. Tenemos unos amigos canarios y han tenido un bebé. Claro, están solos, por mucho que una tarde le puedan decir a un colega: «Estate con mi hijo». En esos momentos tu familia te hace falta, ya no porque te echen una mano, es que a mí me parecería inhumano que mi madre no pudiera ver a un nieto. Me parece muy cruel privar a ambas partes de eso, y difícil. No me veo formando una familia, menos aún fuera de España.

**ERNESTO** ¿Que si quiero volver? No tengo ni puta idea. Tengo muy claro que no quiero volver a esta España que hay ahora mismo. No solo por mí, no quiero que mis hijas consideren que esa España es una cosa normal, sobre todo cuando conozco un modelo de país que me gusta mucho más cómo hace las cosas. Pero por otro lado tampoco quiero que sientan España y Europa como una cosa folclórica o una especie de museo donde vamos de visita una vez al año.

**CONCHI** Dicen que la esperanza es saber que las cosas al final irán bien. A mí las cosas no me han ido muy bien, aunque hay personas que lo han pasado peor que yo, claro. Yo sé que a Ernesto le gustaría volver. El otro día hablando conmigo me dice: «Claro, madre, si yo tuviera un trabajo para dar de comer a mis hijas claro que volvería. Pero yo no voy a estar sentado en un banco de la plaza viendo pasar a la gente».

**JORGE** Tengo pensado volver, sí, sí. O sea, voy a matizarlo. No voy a quedarme toda la vida en Uruguay. Es muy curioso porque podría. En Recursos Humanos del ministerio me han preguntado si quiero hacerme funcionario. Podría quedarme, es relativamente fácil, pero no quiero. Es un país que me gusta mucho, pero se me queda pequeño. Quiero volver a España a establecerme, pero al final. Y digo al final porque me refiero a cuando tenga sesenta y pico años y me apetezca un montón disfrutar del país, disfrutarlo bien.

**BERNI** Antes volvería a Camboya que a Santander… Es que cuando nos fuimos yo soñaba con romper con todo, romper en condiciones, romper de verdad. Soñaba con irme a Camboya a la aventura. A mí no me importaba dejar a la familia lejos, pero a Eva sí.

**JORGE** En realidad, a corto plazo sí me gustaría volver. El año que viene, por ejemplo. Estar cuatro o cinco años haciendo historias, pero yo creo que luego me volvería a ir. Cuando estoy en España mucho tiempo es verdad que me agobio. Es una relación tormentosa. Es como cuando tienes a alguien a quien quieres un montón y que te, te... que folla de puta madre, pero que también te vuelve loco y te pone de los nervios. Siempre estoy en ese punto de «quiero volver, pero también me tengo que alejar». Volver a España no es una necesidad. Bueno, al revés. Quiero volver porque realmente es una necesidad que deriva de esta migración entre comillas forzada. De alguna manera, tengo que volver porque no me he ido de manera voluntaria. Y si luego me voy a ir otra vez, que es probable, que sea porque yo lo decida.

**BERNI** La verdad es que lo de volver siempre lo tienes en mente. No sé, cuando tengamos familia. Pero no me planteo volver para hacer lo mismo que hago aquí, porque las condiciones en España serían peores. A largo plazo me gustaría montar mi propio negocio. Veo cosas, cojo ideas, tengo aquí mi libreta de apuntes. Tengo que ahorrar, empezar poco a poco, tenerlo todo muy bien pensado.

**MARÍA A.** No me gustaría volver a esa España de corruptos de mierda. Es que no lo quiero, no lo quiero. Es que cuando estoy aquí y habla Rajoy siento vergüenza, no me siento representada, no quiero ese Gobierno, esas políticas... No quiero estar en ese ambiente, ya lo tuve y no quiero volver. Además me amargaba, era cabreo tras cabreo.

**SORAYA** El hecho de que mis hijas puedan tener una educación bilingüe en colegios públicos está muy bien. Pero sí nos planteamos la idea de volver más adelante. Ni ahora ni muy tarde. Cuando las gemelas tengan dieciocho será imposible. Como no nos volvamos nosotros solos... Hubo un momento estando aquí en Canadá en el que nos encontramos a un hombre italiano que llevaba aquí veinticuatro años. Tenía una hija y ya no podía volver. Decía: «A esta ya no me la puedo llevar a Italia». Esa noche, Ernesto y yo estuvimos hablando de que si queremos volver a España no puede ser en cualquier momento. Tenemos como un periodo entre los seis y los ocho años de las niñas, pero es que más tarde... No queremos hacer algo traumático para ellas. No pensamos tanto en su formación, sino en cómo se sentirán emocionalmente. Si se sentirán de aquí y no se querrán ir o qué.

**ERNESTO** Creo que esa conversación la estamos dejando pasar, pero sin ser conscientes de ello. Si tenemos ese pensamiento en la cabeza continuamente, vivimos con complejo de culpa.

**MARÍA P.** Cuando tengo días en los que no estoy tan bien, digo: «Joder, María, tienes todo lo que querías, lo que soñabas». Paseo por mi casa y digo: «Es lo que siempre querías tener». Yo siempre soñé con tener un piso con ventanas del techo al suelo, y mira qué tengo [mueve el ordenador para enseñar las ventanas del salón]. Esta mañana lo pensé: «Cuando ibas a la universidad, ¿tú pensabas que ibas a tener todo esto diez años después?». Tengo una familia increíble, tengo una pareja que no me lo creo, tengo amigos aquí, mis amigas de la universidad, mis amigos de León, no puedo pedir más. Es que, ¿qué más quiero? Peros hay siempre, ¡claro que yo estaría mejor en España! Pero me adapto y voy saliendo.

**BERNI** No tengo ningún problema en irme a otro país. Si viene ahora la empresa y me dice que tiene un proyecto para abrir tienda en Nueva York o, por el *brexit*, a los europeos que llevan menos de cinco años en Inglaterra nos empiezan a achuchar, pues Eva, ¿dónde vamos?, ¿vamos a Holanda a ver qué pasa? Pues vamos. Lo bueno es que no tenemos nada. No tenemos mochila.

**PETER** Mi padre me dice que siga fuera, que es lo mejor que he hecho en mi vida y que si me voy a otro sitio tampoco pasa nada, que experimente. La mentalidad de mi viejo es que las cosas en España todavía no están bien. Cree que no merece la pena que venga aquí porque voy a estar muy parado. La mayoría de mis colegas tienen curros más o menos temporales, pero no encuentran nada fijo. Ahora no tengo una necesidad por la que volverme. Mi madre tiene esa mentalidad de que tengo que estar al lado de ella, que tengo que volver lo antes posible. Lo único que quiere es que esté con ella. Es más sentimental.

**CLEMENTE** Me encantaría que mi hijo tuviese un trabajo en España, me encantaría. Yo estoy sintiendo lo que sintió mi padre cuando nosotros salimos. Él creía que yo ya no iba a volver. Y así fue. Cuando vinieron de visita nosotros ya teníamos casa, teníamos coche... Vieron la diferencia abismal, lo que nunca habríamos podido tener en Perú. Estoy sintiendo lo que él sintió: al principio mucha nostalgia y un poco de temor. Cuando nos vinimos a España mi idea era quedarme por dos años, y llevo veinticinco. Una vez que vienes a un país y te haces a él, te quedas. Es lo que me ha pasado a mí. Te vas enraizando.

**CARLOS** Sabíamos que nos iba a tocar, que nuestra hija se iba a ir. El problema es que no vemos posibilidades de que vuelva.

**MARÍA DE LOS ÁNGELES** Ella está allí, pero no ha elegido realmente estar allí. Está obligada. No es una decisión que haya tomado, que ella haya dicho: «Quiero vivir en París». No vemos una salida. Yo en un par de años la sigo viendo allí o en otro sitio más lejos.

**CONCHI** Me gustaría tener a mis nietas aquí. Que vinieran por casa, que corrieran, que ensuciaran... Pero la vida es así. Igual que yo me tuve que ir en aquella época y dejé a mi madre, claro. Pero se me hace muy duro estar sola.

**MARÍA P.** Habrá un momento de mi vida en que diga: «Ya no puedo más». Y me voy. Y lo haré. Porque si María quiere algo, María hace algo. Aquí soy feliz por un tiempo determinado, en España soy feliz para toda la vida.

**PILI** Cuando vaya a escribir la carta a Rajoy, como posdata le voy a poner: «Igual que en algunas playas hay algo así como una estatua de una señora esperando a su amor que se ha ido, yo le pido por favor que pongan otra estatua en el aeropuerto de Barajas de una madre con los brazos abiertos». Eso es lo que quiero decirle. Eso es lo que le quiero pedir al presidente. Ellos saben que no lo han hecho bien, que han sido unos sinvergüenzas, que nos han robado a nuestros hijos. Nos han robado a nuestros hijos y a nuestros nietos. Y aunque yo se lo diga en mi carta, bueno, no va a ser nuevo. Pero, por favor, ponga a una madre en el aeropuerto.

**LEONOR** Salir está muy bien, es necesario. Salir, ver mundo, ver más allá de lo que te rodea. La dificultad es volver. Insisto en lo del desarraigo: lo de Ulises va en serio. Que uno de nuestros relatos fundacionales sea ese viaje de vuelta de Ulises a Ítaca y las dificultades del regreso… ¡es que es antropológico! El problema no es irte, irte está muy bien, vivir aventuras y tal. El problema es cuando quieres regresar a tu hogar y no puedes. Cuando quieres volver a tu Ítaca, sea cual sea. Para mí es la universidad, para mi marido es España, para otros es la familia. Cada uno tiene una comunidad imaginaria a la que quiere volver. Hay muchas oportunidades ahí fuera que aquí no hay, pero al mismo tiempo sientes que tienes que advertir a quien quiere irse de que luego... hay un precio que pagar. Que volver es difícil.

**OTRAS LECTURAS RECOMENDADAS DE LIBROS DEL K.O.**

# 10 INGOBERNABLES
## JUNE FERNÁNDEZ

Con la excusa de contar la vida o la rutina de gente que le ha fascinado, June Fernández habla en este libro de muchas cosas: celebra las diversidades, critica mandatos sociales, estéticos y sexuales, recupera la memoria de quienes no suelen salir en los libros de texto, descubre heroínas que esconde la historiografía, rompe tabúes, reivindica la risa, el cabreo, la excentricidad, la contradicción, el derecho a vivir como nos da la gana, el derecho a complicarse la vida.

**OTRAS LECTURAS RECOMENDADAS DE LIBROS DEL K.O.**

# LAS CUATRO ESTACIONES DE ATENAS

## MARIANGELA PAONE

En un futuro próximo los libros de historia explicarán que la Gran Recesión sumió en la pobreza a un cuarto de la población griega. Se añadirán datos sobre la deuda, el paro y el importe de los sucesivos rescates financieros. Pero no habrá espacio para relatar las historias minúsculas que se esconden detrás de una debacle. En las brechas abiertas por las grandes estadísticas macroeconómicas, Mariangela Paone teje su relato de la realidad griega.

Este libro nació en diciembre de 2015, días antes de las elecciones generales al Parlamento, y fue escrito a lo largo de 2016, el año que vivimos sin Gobierno, qué tiempos aquellos. La mayor parte de las entrevistas fueron realizadas desde Mánchester, ciudad en la que las dos autoras del libro descubrieron el *porridge* y aprendieron a echar de menos España. Noemí regresó a tiempo para las segundas elecciones; Estefanía, para la primera investidura fallida. El libro terminó de imprimirse en noviembre de 2016, días después de que Mariano Rajoy volviera a ser investido presidente del Gobierno. Pero no hay llanto ni queja. En situaciones dramáticas, seguimos ese sabio consejo que Rajoy le dio a Bárcenas después de que se supiera que guardaba un puñado de millones de euros en cuentas suizas: aguantamos y somos fuertes.